Inhalt:

W0061639

50er Jahre

Thommi Herrwerth

Katzeklo
& Caprifischer

Die deutschen Hits aus 50 Jahren

Rütten & Loening

ISBN 3-352-00619-9

1. Auflage 1998

© Rütten & Loening Berlin GmbH 1998

Einbandgestaltung Preuße & Hülpüsch Grafik Design

Typographie und Satz (MANUALE)

Reproduktion Druckhaus Galrev, Berlin

Druck und Binden GRAFO S.A.

Gedruckt auf EURO ART® der SCA FINE PAPER

Printed in Spain

O Heideröslein, nimm dich in acht
Die fünfziger Jahre

»Ach, sag doch nicht immer wieder, immer wieder Dicker zu mir, /
denn, wenn du mich immer wieder Dicker nennst, das kränkt mich
so sehr ...« – Das Lied, dem diese Zeilen entstammen, war mein
erster Lieblingsschlager. Wann immer er aus der im Wohnzimmer
meiner Eltern stehenden Musiktruhe erklang, hockte ich gebannt
vor dem Lautsprecher und sog Ton für Ton in mich hinein. »Ach,
sag doch nicht immer wieder Dicker zu mir« – diese Zeilen waren
mir schließlich quasi auf den Leib geschrieben, denn ich verfügte
schon damals über eine beträchtliche Leibesfülle und provozierte
stets, wenn ich das Liedchen vor mich hinträllerte, zustimmendes
Schmunzeln seitens der Erwachsenen. So auch 1953, an meinem
vierten Geburtstag, als ich zur Feier des Tages auf allen vieren quer
durch die Zimmer unserer Wohnung kroch und lauthals immer
wieder diese Zeilen anstimmte: »Ach, sag doch nicht immer wieder,
immer wieder Dicker zu mir, / denn, wenn du mich immer wieder
Dicker nennst, das kränkt mich so sehr. / Ich nähr' mich nur noch
von Salat, / Rettich und Spinat, / täglich eine rote Rübe und das
alles dir zuliebe.«

Das Lied, das ich damals so inbrünstig sang, war eines
der vielen, vielen, die meine Mutter beim Kochen oder beim Bügeln
so gerne hörte. Sie verfügte über einen großen Schatz an Schellack-
Platten, die sie fein säuberlich in einem Drahtgestell aufbewahrte.
Fast täglich, meist gegen Nachmittag, suchte sie sich aus diesem
Schatz *die* Scheiben aus, die sie dann auf den Zehnplattenwechs-
ler stapelte, um uns beide, sie und mich, für die nächste halbe
Stunde in das Reich von Rudi Schuricke und René Carol, Detlev
Lais und Vico Torriani, Lys Assia, Gerhard Wendland und der klei-
nen Cornelia zu entführen. Oder eben in das Reich von Hans Arno
Simon, dem Sänger des von mir so geliebten »Dicker«-Liedes.

Wovon ich damals noch keine Ahnung haben konnte, das

war die Tatsache, daß Hans Arno Simon aus Breslau stammte und damit zu den fast zehn Millionen Menschen zählte, die zwischen 1945 und 1950 aus der sowjetischen Besatzungszone sowie aus den Gebieten östlich von Oder und Neiße in den Westen geflohen waren. Die in den drei westlichen Zonen lebenden Menschen sahen sich mit der Beseitigung der Kriegsschäden, mit Reparationszahlungen und mit der Demontage von Produktionsstätten durch die Siegermächte ohnehin mit schier unbewältigbar erscheinenden Schwierigkeiten konfrontiert. Mit der Notwendigkeit der Integration dieses enormen Zuflusses an Flüchtlingen hatten sie nunmehr eine weitere Herausforderung zu bewältigen. Hans Arno Simon trug sein bescheidenes Quentchen zu dieser Integration bei: Er intonierte seine Lieder böhmisch gefärbt und machte damit im Westen lebende Hörer mit diesem ausgesprochen gewöhnungsbedürftigen Dialekt vertraut. Insbesondere sein neben »Ach, sag doch nicht immer wieder Dicker zu mir« größter Erfolg, »Anneliese«, zeugte von seinem fröhlichen Umgang mit dem östlichen Slang:

»Anneliese, ach Anneliese, warum bist du *besse* auf mich? / Anneliese, ach Anneliese, du weißt doch, ich *libbe* nur dich.«

Ähnlich toll fand ich das Lied von den »Eingeborenen von
Trizonesien«, gesungen von einem Sänger namens Karl Berbuer.
Natürlich hatte ich als kleiner Dreikäsehoch auch bei diesem Song
keinen Schimmer, worum es ging. »Trizonesien«, das klang in
meinen Ohren ulkig und mehr interessierte mich mit meinen drei
oder vier Lenzen nicht. In Wirklichkeit aber handelte das so harmlos
klingende »hei-di-tschimmela tschimmela tschimmela«-Liedchen
von der hohen Politik: Der 1948 kreierte »Trizonesien-Song« war
nichts anderes als eine verfrühte Geburtstagshymne an die Bundesrepublik Deutschland, jenes staatliche Gebilde, das am 23. Mai
1949 das Licht der Welt erblicken sollte – auf den Tag genau drei
Wochen nach dem Tag, an dem ich selbst auf die Welt gekommen
war. Einen offiziellen Namen für dieses Gebilde gab es damals
noch nicht, und Herr Berbuer verwendete deshalb den Begriff, der
sich umgangssprachlich eingebürgert hatte: »Trizonesien«.

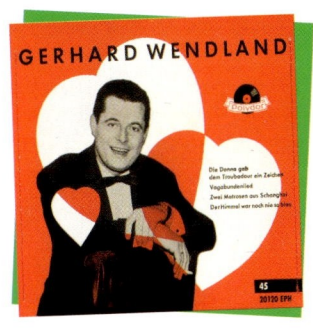

»Mein lieber Freund, mein lieber Freund«, so die Verse
des Songs, »die alten Zeiten sind vorbei. / Ob man da lacht, ob
man da weint, / die Welt geht weiter, eins zwei drei. / Ein kleines
Häufchen Diplomaten / macht heut' die große Politik. / Sie schaffen
Zonen, ändern Staaten. / Und was ist hier mit uns im Augenblick?«
So weit war es also gekommen: Die Deutschen, die sich in der Zeit
des »1000jährigen Reiches« daran gewöhnt hatten, daß *sie* es
waren, die beliebig Grenzen zogen, sie mußten nun mit einmal mit
ansehen, wie ein »Häufchen Diplomaten« ihren Job übernahm.
Dieser Gassenhauer traf exakt die Seelenlage der Nation. Er verkündete dem Volk, das drei Jahre zuvor zur bedingungslosen
Kapitulation gezwungen worden war, einen Rest von Würde. Sooo
schlimm, wie man die Deutschen angesichts mehrerer Millionen
Opfer von Gewaltherrschaft und Weltkrieg hinstellte, waren sie, so
wollte man es sich selbst und den Rest der Welt gerne glauben
lassen, nun doch wirklich nicht. Denn: »Fremder Mann, damit Du's
weißt, / ein Trizonesier hat Humor. / Er hat Kultur, er hat auch
Geist, / damit macht keiner ihm was vor.« Sie meinen, das klinge
so ähnlich wie »Am deutschen Wesen soll die Welt genesen?« –
Ich bitte Sie, es ist doch nur ein Schlager! »Selbst Goethe stammt

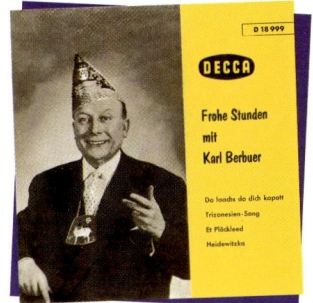

aus Trizonesien, / Beethovens Wiege ist bekannt. / Nein, so was gibt's nicht in Chinesien, / darum sind wir stolz auf unser Land.« – Na bitte! Goethe, Beethoven – wer angesichts solch kulturellen Erbes noch immer an Auschwitz oder Bergen-Belsen gemahnt, ist der nicht ein Spielverderber?

Wir »Trizonesier«, so streichelte das im feschen Marsch-Rhythmus gehaltene Liedchen die arg gekränkte Volksseele, sind ganz, ganz harmlose Menschen: »Wir sind zwar keine Menschenfresser, / doch wir küssen um so besser. / Wir sind die Eingeborenen von Trizonesien, hei-di-tschimmela tschimmela tschimmela-bumm!«

Eine Tugend zeichnete den Volksstamm der »Trizonesier« seit jeher mehr als andere aus: Der deutsche Mann und die deutsche Frau hatten sich stets in treuem Gehorsam und untertäniger Ehrfurcht gegenüber der Obrigkeit geübt. Nun, zu Zeiten von Entnazifizierung und Umerziehung, fiel es ihnen schwer zu verstehen, warum es gerade dieses eine Mal nicht rechtens gewesen sein sollte, daß sie einem Führer den Respekt gezollt hatten, der ihm kraft seines Amtes doch gebührte. Doch zeigte sich schnell, daß sich das Gros der Deutschen sehr, sehr hurtig den neuen Verhältnissen anzupassen vermochte: Kaum, daß die alten Machthaber von dannen gejagt worden waren, da war das besiegte Volk aufs neue gehorsam wie eh und je und zollte nun seinen »Besatzern« Respekt. Lucky Strike, Chewing Gum und Coca Cola avancierten in Windeseile zum Inbegriff neuer Begehrlichkeiten. Statt »Flamme empor« lauschte man andächtig den zuvor so sehr verschmähten Klängen Glenn Millers, und statt mit Zarah Leanders Durchhalte-Gesängen (»Ich weiß, es wird einmal ein Wunder geschehn« und »Davon geht die Welt nicht unter«) hielt man es jetzt lieber mit Zeilen wie »Das gibt's nur in Texas«.

Englisch war die Sprache der Stunde und damit haperte es bei den meisten. Ein Schlager von Fred Rauch verschaffte da zumindest ein kleines bißchen Abhilfe: »Lernen Sie Englisch oder können Sie's schon? / Ich gebe grade die fünfte Lektion. / Wenn Sie zu mir in den Unterricht gehn, / können's in vierzehn Tag' alles verstehn. / Dann brauchen's kein' Dolmetscher mehr – / Sehn's, Englisch ist gar nicht so schwer.« Den Versen dieses Schlagers –

er gehörte zu den Platten, die meine Mutter immer und immer wieder dudelte – habe ich meine ersten Fremdsprachenkenntnisse zu verdanken: »Coffee heißt Kaffee, cocoa heißt Kakau, / beautiful lady heißt sehr schöne Frau. / Girl heißt das Mädchen und boy heißt der Bu' / und corned beef ist ein Stück Fleisch von der Kuh. / Und yes, Sir heißt ja, lieber Herr. / Sehn's, Englisch ist gar nicht so schwer ...« Lautmalerisch ahmte ich all die englischen Vokabeln nach und trällerte voller kindlicher Unschuld Zeilen wie »Love ist die Liebe und kiss ist der Kuß, / I go home sagt man, wenn man heimgehen muß«. Nur die letzte Textzeile kapierte ich nicht so recht, doch die Tatsache, daß Mutter mir nicht erklären wollte, was der Sänger denn damit meinte, erweckte damals in mir keinen Argwohn: »... und baby heißt deutsch das Malheur. / Sehn's Englisch ist gar nicht so schwer ...«

Neben dem »Dicker«- und dem »Trizonesien-Song« hatte ich in den frühen Fünfzigern noch etliche weitere Lieblingsschlager: etwa »Von den Blauen Bergen kommen wir« von Goldy und Peter de Vries, einem für diese Zeit so typischen Stück »American way of life« (»Wir singen jaja, yippie yippie yeah! / singen jaja, yippie yippie yeah ...«). Oder das ebenfalls irgendwo im Land der unbegrenzten Möglichkeiten angesiedelte »Alte Haus von Rocky Docky« (»Das alte Haus von Rocky Docky hat vieles schon erlebt, / kein Wunder daß es zittert, kein Wunder, daß es bebt ...«), einer der vielen Hillybilly-Songs, die der aus Holland stammende Bruce Low zu seinem Markenzeichen machte. Mutter kaufte sich etliche seiner Platten, etwa »Tabak und Rum«, »Leise rauscht es am Missouri« und »Wenn die Sonne scheint in Texas« – allesamt tolle Lieder, aber »Das alte Haus von Rocky Docky« ist unerreicht.

            Klasse fand ich auch die Platte mit dem Lied »Egon«: »Ach, Egon, Egon, Egon, Eeee-gon, / ich hab ja nur aus Liebe zu dir, / ja, ja, aus lauter Liebe zu dir, / ein Glas zuviel getrunken. / Ach, Egon, Egon, Egon, Eeee-gon, / ich bin ja nur aus Liebe zu dir / ja ja, aus lauter Liebe zu dir / so tief gesunken.« Das war ein Titel der von Friedel Hensch und ihrem Ehemann Werner Cypris ins Leben gerufenen Formation FRIEDEL HENSCH UND DIE CYPRIS. Sie gehörten in den Kindertagen der Republik zu den beliebtesten

Interpreten der Unterhaltungsmusik. Ursprünglich traten sie als Kabarett-Truppe auf, erlangten aber schon bald mit ihren Schlager-liedchen bei einem breiten Publikum große Popularität. Ganz im Trend der neuen Zeit feierten sie 1949 ihren ersten Plattenerfolg mit dem Song »Mein Kaugummi« (»Ach, ich nuckel ja so gern / und ich zuckel ja so gern / am Kaugummi, am Kaugummi. / Denn er gibt mir frohen Mut, / und es schmeckt ja auch so gut, / ein Kaugummi, ein Kaugummi ...«). Zu ihren bekanntesten Hits zählen »Die Fischerin vom Bodensee« (1951), »Tango Max« (1952), »So-lang die Sterne glühn« (1957) und schließlich »Der Mond von Wanne Eikel« (1963). Bei Friedel Hensch und ihren Cypris wußte man letztlich nie so genau, wie ernst es ihnen war mit dem, was sie alles auf Platte pressen ließen. Stets konnte man ihren augen-zwinkernd vorgetragenen Zeilen einen ironischen Zwischenton entnehmen. Nur dieser Tatsache ist es zu verdanken, daß aus dem Munde von Frau Hensch und Co selbst so banale Schnulzen wie »Heideröslein« oder »Das alte Försterhaus« noch halbwegs erträglich klangen.

Die Vorstellung, daß ein Mann einen Laden betritt und die dort anwesenden Verkäufer fragt »Ham' se nicht 'ne Braut für mich?« fand ich sehr, sehr witzig. Und daß die Verkäufer dann im Chor antworten: »Ja, ja, ja, wir ham' verschiedenes da« – zum Kugeln! »Sie muß chic sein«, so spezifiziert der Mann dann seine Wünsche, »nicht zu dick sein, / mit viel Zaster, ohne Laster, / schön solide, nicht zu prüde. / Kurz und klein: Sie muß ein Engel sein.« Und siehe da, erneut bekommt er aus den Kehlen eines kräftigen Männerchores beschieden: »Ja, ja, ja, das ham' wir alles da.«

Der Mann, der diese Geschichte 1952 erzählte, hieß Bully Buhlan, stammte aus Berlin und war in den Nachkriegsjahren ein ausgemachter Publikumsliebling, dessen Schallplatten Millionen-umsätze erzielten. Mit seinem Song »Würstchen mit Salat« sprach er den Deutschen 1947 wie kein anderer aus der Seele: »Ich hatte neulich einen Traum / und war dabei so froh: / Ich sah eine kleine Bude stehn, / ich glaub, am Bahnhof Zoo. / Seitdem hab ich nur einen Wunsch, / gebt mir doch einen Rat. / Ich hab so großen Appetit / auf Würstchen mit Salat.« Treffender als der einstige Pianist im Orchester des Berliner Rundfunks vermochte wohl kein

anderer, die Gefühlslage eines von Hungerwinter und Lebens-
mittelrationierung geplagten Volkes in Worte und Noten zu fassen:
»Es braucht kein Schweinebraten sein / und auch kein Stamm-
gericht, / nicht Hühnchen und auch kein Fasan, / das lockt mich
alles nicht. / Für 30 Pfennig wünsch ich mir / nicht Eier mit Spinat, /
auch keine Erbsen bürgerlich, / nur Würstchen mit Salat ...«

Mit seinem Titel »Ich hab mich so an dich gewöhnt« präsentierte Bully Buhlan eines der schönsten und glaubwürdigsten
Liebeslieder, die je in deutscher Sprache gesungen wurden: »Ich
hab mich so an dich gewöhnt, / an die Art, wie du beim Küssen
deine Augen schließt / und mir dennoch, ach so tief, in meine
Seele siehst. / (...) / Wenn du lachst, dann lach ich mit, was kann
ich weiter tun? / Wenn du weinst, dann ist die Welt für mich vorbei. /
Wenn du müde bist, dann fühl auch ich, ich muß mal ruhn. / Wenn
ich denk, dann denk ich immer für uns zwei ...« Angesichts der bis
zum heutigen Tag herrschenden Schwierigkeiten deutschsprachiger
Autoren, Gefühle wie Zuneigung, Vertrauen und Liebe ohne Pathos
und hohle Phrasen in Worte zu fassen, sind diese unspektakulären
Zeilen ein wahrer Glücksfall.

Regelrecht sozialkritisch war last not least einer meiner
weiteren frühen Lieblingssongs: »Die süßesten Früchte fressen nur
die großen Tiere«, gesungen von Peter Alexander und Leila Negra.
»Frau Enterich«, so erzählt dieser im Marschrhythmus gehaltene
Titel, »weihte am grünenden Rain / ihr Jüngstes in alle Geheimnisse
ein. / Sie sagte: ›Das schönste zu fressen, das unsereins hat, das
ist der Salat.‹ / Das Entelein lauschte und staunte gar sehr, / es
blinzelte frech in der Gegend umher. / Da sah es die süßesten,
herrlichsten Kirschen am Baum. / ›Mama, pflück sie für mich!‹ so
bat es kläglich. / ›Mein Kind‹, sagt' die Mama, ›das ist unmöglich.‹«
Denn, so verrät es der Refrain: »Die süßesten Früchte fressen nur
die großen Tiere. / Nur weil die Bäume hoch sind und diese Tiere
groß sind. / Die süßesten Früchte schmecken dir und mir genauso. /
Doch weil wir beide klein sind, erreichen wir sie nie!«

Es hatte sich 1952, dem Jahr, aus dem diese Zeilen
stammen, längst herumgesprochen, daß all die hehren Vorsätze,
nie wieder sollten die Banken und Konzerne so viel Macht wie
zu Vorkriegszeiten in ihrer Hand bündeln, nicht besonders ernst

13

gemeint waren. Die antikapitalistische Prosa, die selbst die CDU 1947 in ihrem Ahlener Programm gepflegt hatte, war längst marktwirtschaftlichen Realitäten gewichen. »Das amerikanische System kann in Amerika nur überleben, wenn es das System der ganzen Welt wird« diese Worte des US-Präsidenten Truman wurden zur Maxime des Wiederaufbaus. Ein Blick auf das Schicksal der Landsleute, die in der sowjetischen Zone, der späteren DDR, lebten, versprach wenig lukrative Alternativen und trug somit seinen Teil zum kapitalistischen Siegeszug bei. Gerne wird auch heute noch die Mär verbreitet, in der Stunde Null seien jedermann und jedefrau mit den gleichen 40 Mark an den Start gegangen. Daß Grundbesitz, Immobilien und teils auch Produktionsmittel in der Hand der alten Eigner blieben, wird dabei häufig unterschlagen. Und den meisten dieser alten Eigner waren nach wie vor »die süßesten Früchte« vorbehalten. Dem Gros der Deutschen blieb erst einmal nichts weiter, als sich gemeinsam mit Jupp Schmitz, der den Karnevalsschlager des Jahres 1949 kreierte, zu fragen: »Wer soll das bezahlen?«

Peter Alexander (eigentlich: Peter Neumayer) gelang mit »Die süßesten Früchte« sein erster großer Hit in Deutschland. Zuvor konnte er in Österreich eine ganze Reihe von Erfolgen verzeichnen, überwiegend mit Nachziehern von Titeln, die in der Bundesrepublik bereits in der Version anderer Interpreten zu Hit-Ehren gekommen waren (so zum Beispiel mit »Das machen nur die Beine von Dolores«, in der BRD gesungen von Detlev Lais). Sein Duett mit Leila Negra war der Beginn einer der langlebigsten Karrieren in der Geschichte der populären Musik in Deutschland. In den Fünfzigern war er neben Freddy Quinn und Caterina Valente *die* zentrale Figur des deutschen Schlagers, die Reihe seiner großen Erfolge aus jenen Jahren ist schier endlos: »Der Mond hält seine Wacht« (1955), »Ich weiß, was dir fehlt« (1956), »Das tu ich alles aus Liebe« (1957), »Bambina« und »Wunderbares Mädchen«, die Eindeutschung von Perry Comos »Catch a falling star«, (beide 1958), »Mandolinen und Mondschein« und »Ich zähle täglich meine Sorgen« (beide 1959) und viele, viele andere Lieder, die ihm bis Ende der siebziger Jahre Spitzenpositionen in der Deutschen Hitparade bescherten. Noch heute, mehr als vier Jahrzehnte nach

seinem Lied von Frau Enterich und ihrem jüngsten Sprößling, wird
Peter Alexander auf Tourneen umjubelt.

Neben den Platten von Friedel Hensch, Bully Buhlan, Peter Alexander und den anderen Schlagergrößen der Fünfziger fanden sich
in Mutters Plattenschatz auch eine Reihe Scheiben von völlig unbekannten Interpreten wie Peter Schranner, Gerd Schotter, Harry
Lang, Erika Helm, Udo Spitz und vielen anderen mehr. Sie alle sangen in den fünfziger Jahren für das Plattenlabel TEMPO, das sich
darauf spezialisiert hatte, bekannte Schlager von unbekannten
Interpreten nachsingen zu lassen und diese Nachzieher zum
Dumpingpreis von 2,85 DM vor allem in Kaufhäusern anzubieten.
Die von Nobodys gesungenen Versionen waren damit immerhin
ganze 1,15 DM billiger als die Originalaufnahmen. Mit dieser
Konzeption ließ sich seinerzeit bestens Kasse machen, denn bei
den meisten Leuten saß das Geld nicht gerade locker. Auch Mutter
erkundigte sich beim Plattenkauf grundsätzlich zuerst nach einer
TEMPO-Fassung und investierte nur dann 4 DM, wenn es die Lieder
beim Billig-Label nicht gab. Ihr war es gleichgültig, ob ihr Lieblingsschlager statt von Vico Torriani oder René Carol von Peter
Schranner oder Udo Spitz zu hören war. Zu deren Aufnahmen
konnte sie ebenso lauthals beim Bügeln mitsingen, und ich glaube,
das war ihr das Wichtigste. Und so drehte sich Gerhard Wend-
lands »Vagabundenlied« bei uns zu Hause in der TEMPO-Version von
Werner Preuss und das steinerweichende Lied vom »Bettler aus
Paris« erklang, statt in der Originalaufnahme des BIRKNER-DUOS, in
der Billig-Fassung zweier Interpreten, denen TEMPO (wohl nicht ohne
Hintergedanken) den Namen »BERGNER-DUO« gegeben hatte.

    Die »Golden Fifties«, so wird der eine oder andere ein-
wenden, war das denn wirklich eine Ära, in der es musikalisch in
Deutschland nichts weiter als Schlagerliedchen gab? Waren die
Fünfziger nicht vielmehr das wilde Jahrzehnt und die Zeit des kulturellen Neuanfangs? Die Stars jener Zeit, waren das nicht Elvis
Presley, Fats Domino, Chuck Berry, Pat Boone, Brenda Lee und all
die anderen Größen des Rock 'n' Roll? Und verrenkte sich seinerzeit nicht alle Welt orgiastisch und voller Hingabe zu den Klängen
von Bill Haley, Wanda Jackson oder den EVERLY BROTHERS? –

Gewiß, so will es die Legende, die vor allem von Zeitgeist-For-
schern, die jene Zeit nicht am eigenen Leibe erlebten, gerne gewoben wird. In Wirklichkeit jedoch waren die allermeisten Stars aus
den Staaten, die heute als Inbegriff des kulturellen Aufbruchs der
Nachkriegsära angesehen werden, in der Bundesrepublik weitgehend unbekannt. Ihre nicht selten von hemmungslosen Exzessen
begleiteten Auftritte in den USA sorgten zwar hin und wieder für
Schlagzeilen in der Presse, aber der Blick auf die Verkaufszahlen
gibt genaue Auskunft.

   Der Bundesverband der Phonographischen Wirtschaft e.V.
veröffentlicht seit 1956 alljährlich eine Liste der meistverkauften
Tonträger. Seit 1959 ist diese Verkaufs-Hitparade regelmäßig im
Branchenmagazin *Der Musikmarkt* zu finden. Am Ende jedes
Kapitels von *Katzeklo & Caprifischer* finden Sie für jedes Jahr die
Auflistung sämtlicher deutschsprachiger Titel unter diesen zwanzig
meistverkauften Titeln sowie ihre jeweilige Plazierung verzeichnet.
(Für die Jahre 1949 bis 1955 sind exakte Angaben nicht möglich.)
Ein Blick auf diese *Musikmarkt*-Bestsellerlisten zeigt deutlich, daß in
den Fünfzigern weder Fats Dominos »Blueberry Hill« noch Wanda

Jacksons legendäres »Let's have a party« in der BRD eine Rolle
spielten. Unter den zwanzig Spitzenreitern des Jahres 1956 findet
sich auf Platz 2 mit Bill Haleys »Rock around the clock« ein einziger
internationaler Song, die anderen 19 Titel sind gute deutsche
Hausmannskost wie Freddys »Heimweh«, »Steig in das Traumboot
der Liebe« von Caterina Valente und Silvio Francesco oder »Tiritomba« von Margot Eskens. Im Folgejahr 1957 finden sich unter
den ersten zwanzig immerhin drei internationale Songs. Alle
drei – Harry Belafontes »Banana Boat«, Doris Day mit »Que sera«
und Bing Crosby und Grace Kelly mit »True love« – muten allerdings
alles andere als »wild« an. Die restlichen 17 Titel stammen von
Interpreten wie Gitta Lind (»Weißer Holunder«) oder Lys Assia (»Was

kann schöner sein«, die deutsche Version von »Que sera«). 1958
und 1959 plazierten sich ein paar internationale Instrumentaltitel wie
Mitch Millers »River Kwai March« (1958 auf Rang 1) und Billy
Vaughans »Sail along silvery moon« im Spitzenfeld, ansonsten
dominierten noch immer »Der lachende Vagabund« von Fred
Bertelmann, Lolitas »Weißer Mond von Maratonga« und »Ananas

aus Caracas« von Vico Torriani. Rock 'n' Roll gab es allenfalls –
wenn überhaupt – in der Eindeutschung von Conny und Peter
Kraus. Ja, selbst Elvis, der King of Rock 'n' Roll himself, schaffte in
den Fifties kein einziges Mal den Sprung unter die ersten 20.
Mutter und ich lagen also völlig im Trend der Zeit.

Von den »Eingeborenen von Trizonesien« über »Ham' se
nicht 'ne Braut für mich?« bis hin zu den »süßesten Früchten« – es
waren die spaßigen und beschwingten Songs, die ich damals so
leidenschaftlich liebte und an die ich mich heute noch mit viel
Begeisterung erinnere. Weit weniger vermochte ich hingegen mit
den Titeln aus Mutters Plattensammlung anzufangen, die im
Grunde noch typischer für das musikalische Geschehen im
Deutschland der fünfziger Jahre waren. Die gefühlsduseligen
Schmachtfetzen, die immer und immer wieder um zwei Themen
kreisten – um HEIMAT, um FREMDE und um das Spannungsverhältnis zwischen beiden.

HEIMAT war im Schlager der Fünfziger ein wichtiges
Thema – wichtiger noch als die Liebe. »Bei mir zu Haus«, so

verhieß 1951 Friedel Hensch ihrem Liebsten – der vermutlich noch in russischer Kriegsgefangenschaft gehalten wurde –, »da blüht für dich ein schöner Garten. / Bei mir zu Haus, da scheint die Sonne für uns zwei. / Bei mir zu Haus, da wird das Glück stets auf dich warten, / bei mir zu Haus gehn alle Sorgen schnell vorbei.«

Jede Menge anderer Schlager erzählen anschaulich, wie der Deutschen HEIMAT aussah und was sich dort im einzelnen abspielte: HEIMAT, das war, glaubt man den harmlosen und naiven Reimen, beispielsweise ein Förster- oder ein Köhlerhaus: »Es liegt der Wald im letzten Abendschimmer, / der Nebel steigt herauf vom Waldesgrund. / Der alte Förster sitzt in seinem Zimmer / und streichelt traumverloren seinen Hund« (FRIEDEL HENSCH UND DIE CYPRIS: »Das alte Försterhaus«, 1954), »Im Harzer Land, auf Bergeshöh'n, / da steht ein Köhlerhaus. / Frühmorgens, wenn die Hähne krähn / schaut's Köhlerliesel raus« (DIE HEIMATSÄNGER, »Köhlerliesel«, 1957).

Die Inhaber dieser lauschigen Häuschen lebten dort gemeinsam mit ihren gleichermaßen blutjungen wie bildschönen Töchtern: »Am grünen Wald, dort wo die Rehlein grasen, / stand einst ein Försterhaus am Waldesrand. / Ein junges Mädel in den schönsten Jahren, / die Försterliesel wurde sie genannt.« (FRIEDEL HENSCH UND DIE CYPRIS, »Die Försterliesel«, 1953), »Zwischen den Bergen, im grünen Tal, / zwischen den Bergen, ganz klein und schmal, / da wohnt der Sonnenschein, / des Försters Töchterlein.« (GESCHWISTER FAHRNBERGER, »Zwischen den Bergen«, 1959). In dieser lauschigen Idylle wurden zarte und außerordentlich scheue Liebesbande gewoben: »Durch die grüne Heide geht ein Mädchen, jung und schön, / und ein junger Jägersmann sieht sie des Weges gehn. / Pflückte schnell ein Röslein rot und zieht den grünen Hut, / und er spricht das Mädchen an, wie's ein Verliebter tut. / Oh Heideröslein, nimm dich in acht. / Oh Heideröslein, was der Förster macht ...«. (FRIEDEL HENSCH UND DIE CYPRIS, »Oh Heideröslein«, 1954). Und daß in der wohlgesitteten Förster- und Köhlerwelt zwischen krähenden Hähnen und grasenden Rehlein keinem Menschen ein Leid geschehe, darüber wachte stets ein guter Geist: »Wo die Tannen stehen auf den Bergen, / wild vom Sturmwind umbraust in der Nacht, / hält der Rübezahl mit seinen

Zwergen / alle Zeiten für uns treue Wacht.« (DAS HELLBERG DUO: »Hohe Tannen«, 1959).

Nach Kriegswirren, Care-Paketen und Schwarzmarkt war ein einziger Wunsch übermächtig: Die Bundesbürger sehnten sich nach einem Zipfel heile Welt. Von Politik wollten sie nichts mehr wissen, das hatte ihnen schließlich in der Vergangenheit genügend Ärger gebracht. Jetzt hieß es, alle Kräfte für den Wiederaufbau zu bündeln. Und nach getaner Arbeit gönnte man sich ein kleines Quentchen anrührende Heimeligkeit, träumte von all den unverderbten »Köhlerlieseln« und »Heideröslein« und lauschte so ergreifenden Geschichten wie der vom alten Scherenschleifer: »Der alte Scherenschleifer und sein treuer Hund / sind unzertrennlich Tag und Nacht zu jeder Stund. / Sie teilen Not und vielerlei Gefahren, / sein täglich Brot teilt er mit ihm seit Jahren ...« Axel Springer erhob zur obersten politischen Maxime seiner *Bild*-Zeitung die Losung: »Seid nett zueinander.« »Es kommt nur darauf an«, so hieß es analog im deutschen Schlager, »daß man in Frieden leben kann. / Und ist das Glück auch noch zu klein, / man muß zufrieden sein. / Das Leben ist so kurz, und wie schnell die Zeit vergeht. / Seid heut' zu allen nett, vielleicht ist's morgen schon zu spät.«

Thema Nr. 2 im Schlager der Fünfziger, gleich hinter der vielgepriesenen HEIMAT, war die Ferne bzw. die FREMDE. Hierbei wußten die einzelnen Lieder sehr wohl zu unterscheiden zwischen noch völlig unerreichbaren Ländern und näherliegenden Urlaubszielen wie Italien oder Spanien, in die eine rege Reisetätigkeit der Bundesbürger einsetzte. Wenn Rudi Schuricke 1946 von den legendären »Capri-Fischern« sang (»Bella bella bella Marie, weine nicht, ich komm' zurück morgen früh«), dann lag die süditalienische Mittelmeerinsel gewiß noch in unendlich geglaubter Ferne. Und auch »Rote Rosen, rote Lippen, roter Wein / und Italiens blaues Meer im Sonnenschein«, das Lied, für das Schlagertroubadour René Carol 1952 anläßlich 500000 verkaufter Exemplare die erste Goldene Nachkriegs-Schallplatte überreicht bekam, schilderte ein Land, das für den überwiegenden Teil der Deutschen noch immer unerreichbar fern erscheinen mußte. Aber schon die von Caterina Valente gemeinsam mit ihrem Bruder Silvio Francesco und Peter Alexander 1956 angestimmte Aufforderung »Komm ein bißchen mit nach Italien« entbehrte nicht mehr jeglichen Realitätssinns. Längst hatte die Vokabel *papagallo* den einheimischen Wortschatz bereichert, und die Hörerinnen und Hörer wußten sehr wohl, was Frau Valente und ihre beiden Sangeskollegen meinten, wenn sie sangen »Aber dann, aber dann, / zeigt ein richt'ger Italiener, was er kann ...«

Nicht wenige Freunde von Peter Alexanders Hit »Mandolinen und Mondschein« hatten sich bereits ein eigenes Bild davon machen können, was so alles geschieht, wenn »in der südlichen Nacht / die große Liebe in mir, / die große Liebe in dir erwacht«. In Fred Bertelmanns »Lachender Vagabund«, jener Hymne auf das freie und selbstbestimmte Leben jenseits von Stechkarte und Leitz-Ordner, verschlug es den Helden 1957 keineswegs in die Wüste Gobi oder die Wälder von Kanada, sondern erneut nach Capri (»Denk' ich an Capri, dann denk' ich auch an Tina, / sie liebte einen Lord. / Doch als sie mich sah, die schöne Signorina, / lief sie ihm gleich fort«). Längst war die Mittelmeerinsel in erreichbare Nähe gerückt. Italien avancierte mehr und mehr zu einem populären Urlaubsland – ein Trip dorthin war jedoch noch längst nicht so alltäglich geworden, als daß er demjenigen, der von seinen dort gesammelten Urlaubseindrücken erzählte, nicht einen immensen Imagegewinn beschert hätte. Ähnliches ist von dem Land zu berichten, das zum zweitliebsten Reiseziel der Deutschen werden sollte und dessen Vorzüge Heinz Woezel 1950 mit den Zeilen umschrieb »Ja, ja, in Spanien, da gibt es Mädchen, / die sind noch frischer als frische Brötchen«.

So erfreulich und angenehm sich der Lebensstil all'italiana und die »frischen Mädchen« aus Spanien gestalteten, so unheimlich und bedrohlich erschien im Schlager der fünfziger Jahre der Rest der Welt. Hiervon sang eindrucksvoll wie kein anderer Deutschlands ungekrönter Plattenkönig Freddy Quinn. Vor allem seine erste Schallplatte, der 1956 veröffentlichte Song »Heimweh«, schilderte anschaulich, welche Hoffnungslosigkeit und Verzweiflung sich damit verband, der geliebten HEIMAT den Rücken zu kehren. Denn fernab von zu Hause, da gibt es keine Köhlerlieseln und keine Försterstöchter, statt dessen aber »tagaus, tagein / kein Glück, kein Heim« und »keinen Gruß, kein Herz, / keinen Kuß, keinen Scherz«.

»Heimweh« war in den fünfziger Jahren die meistverkaufte Schallplatte in Deutschland, bis heute ging dieses tränenreiche Lied mehr als achtmillionenmal über die Ladentheke. Kein anderer in deutscher Sprache aufgenommener Schlager hat das je wieder erreicht. Mit seinen schlichten Versen traf Freddy Quinn exakt die Gefühlslage der Nation.

Sein Folgehit »Heimatlos« (1957) schilderte ähnliche Seelenqualen: »Keine Freunde, keine Liebe, / keiner denkt an mich das ganze Jahr. / Keine Freunde, keine Liebe, / wie es früher, früher einmal war.« Und auch sein Song »Der Legionär« erzählte 1958 von Unbill und Härte fernab der Lieben: »FREMD sind die Erde, FREMD der Himmel, / FREMD sind die Reden, FREMD die Lieder, / FREMD sind die Herzen und keines schlägt für mich.«

Nicht nur Freddy versorgte die Daheimgebliebenen mit Nachrichten aus der eisigen und erbarmungslosen Fremde, zahlreiche Sangeskollegen taten es ihm gleich. Doch gleich, ob nun DIE BLAUEN JUNGS (»Auch für mich kommt einmal die Zeit«), die TEDDIES (»Endlos sind die Straßen«) oder die unzähligen weiteren Interpreten, die immer wieder in klagendes Heimweh nach zu Hause einstimmten – eines war ihnen allen gemein: Sie alle waren männlichen Geschlechts – das Weltbild des Schlagers in den Fünfzigern war auch diesbezüglich noch beachtlich geschlossen. Der weiblichen Hälfte der Menschheit blieb nichts weiter als stille Trauer und verzweifeltes Warten am Hafen. Dort stand die alleingelassene Legionärs- oder Seemannsbraut dann jahraus, jahrein und wartete auf die Rückkehr ihres Liebsten: »Auf allen Schiffen im Hafen läßt man Mariana an Bord. / Man weiß, sie sucht ihren Liebsten, vor Jahren fuhr er fort« (GESCHWISTER HOFMANN: »Sei niemals traurig«). Unaufhörlich blickte sie stumm hinaus aufs Meer und harrte der Schiffe, die da kamen. Doch oftmals war alles Hoffen umsonst, der Liebste blieb verschollen, denn »treulos sind alle Matrosen, / wollen nur küssen und kosen« (Peggy Brown: »Denn sie fahren hinaus auf das Meer«). Und so blieb ihr nichts, als ihr Leid mit den Vögelein im Wind zu teilen: »Am Kai, da rufen die Möwen: Cindy, oh Cindy, dein Herz muß traurig sein, / der Mann, den Du geliebt, ließ dich allein« (Margot Eskens: »Cindy, oh Cindy«).

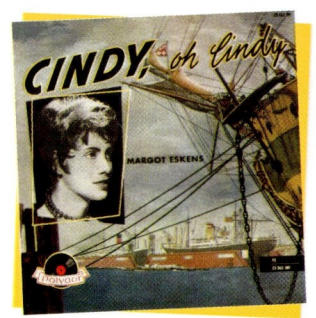

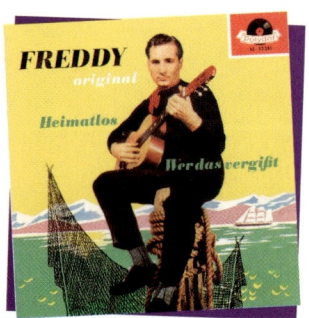

Einzig ein Gedanke machte das Grauen für die in den fernen Winkeln der Erde Weilenden erträglich, der Gedanke – man ahnt es schon – an die HEIMAT. »Eine Hand voll HEIMATerde«, so reimten Tom und Tommy in einem Hit des Jahres 1959, »nahm ich mit ins fremde Land / und solang' ich leben werde, weiß ich, wo ich Liebe fand.« Mit anderen, nicht minder bewegenden Worten drückte es im selben Jahr das HELLBERG-DUO aus: »Die HEIMAT im Herzen, die HEIMAT im Sinn, / an sie denk' ich mit Schmerzen, wo immer ich bin. / Oh, höret, ihr Sterne, und tragt es hinaus, / wir wären so gerne bald wieder zu Haus.« Auch DIE BLAUEN JUNGS tröstete angesichts der Kälte und Gefühllosigkeit fremder Land-striche nur eine Hoffnung: »Zu Hause, zu Hause, / da werden wir uns wiedersehn / und nie mehr auseinandergehn.« Und Freddy sah es natürlich ganz ähnlich. »Dort, wo die Blumen blühn,« so heißt es in seinem »Heimweh«-Song, »dort, wo die Täler grün', / dort war ich einmal zu Hause. / Wo ich die Liebste fand, / da ist mein HEIMAT-land, / wie lang bin ich noch allein?«

In seinem Song »Unter fremden Sternen« von 1959 besingt er das Spannungsverhältnis zwischen HEIMAT und FREMDE pointierter als in jedem anderen Song: »Fährt ein weißes Schiff nach Hongkong, / hab ich Sehnsucht nach der Ferne«, so schildert er sein Hoffen, der Enge des Alltäglichen zu entrinnen – um dann aber noch im gleichen Atemzug eben dieses Gefühl in seine Schranken zu weisen: »Aber dann in weiter Ferne / hab ich Sehnsucht nach zu Haus.« Ein bißchen Träumen von Hongkong, vom Abenteuer jen-seits der 48-Stunden-Woche und der Enge des Alltäglichen, das mag ja ganz nett sein. Aber es soll bitteschön beim Träumen blei-ben, denn daheim, da ist dein Platz im Leben. »Und ich sag zu Wind und Wolken: / Nehmt mich mit, ich tausche gerne / all die vielen FREMDen Länder / gegen eine HEIMfahrt aus.«

Kein anderer einheimischer Gesangsstar hat bis heute so viele Platten verkauft wie Freddy. In den Fünfzigern und den frühen Sechzigern landete der aus Wien stammende »Seemann« einen Top-Hit nach dem anderen. Gold und Mehrfach-Gold ersang er sich neben »Heimweh« und »Heimatlos« unter anderem mit »Rosa-lie« (»Er war kein reicher Mann, er war ein armer Mann, / er war ein Seemann, der ihr Herz bezwang«, 1956), »Der Legionär« (»Der Weg

nach Haus ist schwer / für einen Legionär. / Und viele sehen die Heimat, / die Heimat nimmer mehr«, 1958), »Die Gitarre und das Meer« (»Ob am Kai von Casablanca, / ob am Kap von Salvador, / singt er leis von Juanita, / deren Liebe er verlor«, 1959) und »Weit ist der Weg« (»Tausend Meilen von zu Haus / sieht die Welt ganz anders aus, / und dir wird auf einmal klar, / was die Heimat für dich war«, 1960). 1963 sang er seinen neben »Heimweh« erfolgreichsten Titel: »Junge, komm bald wieder«, ein tränenseliges Lied, das von den Ängsten einer Mutter erzählt, deren Sohn als Seemann hinaus in ferne Länder zieht (»Wohin die Seefahrt mich im Leben trieb, / ich weiß noch heute was mir Mutter schrieb. / In jedem Hafen kam ein Brief an Bord. / Im ersten Brief stand: Geh doch nie wieder fort ...«). Sein letzter Nr.1-Hit stammt aus dem Jahre 1966: »Hundert Mann und ein Befehl«, ein eher belangloser, irgendwo im Niemandsland zwischen Protest-Song und Landserromantik angesiedelter Song. »... und die Welt wär' doch so schön, / könnt' ich dich noch einmal sehn. / Ich hör von fern die Krähen schrein, / im Morgenrot, warum muß das sein?« Mit der Zeit avancierte Freddy

zum Allround-Star und machte sich neben seinen Liedern mit zahlreichen Musikfilmen, deren Drehbücher ihm auf den Leib geschrieben wurden, und einer eigenen Fernsehshow einen Namen. In
späteren Jahren spielte er sich als Volksschauspieler in Hamburgs
»St. Pauli-Theater« in die Herzen ungezählter Bewunderer und
Bewunderinnen. Bis zum heutigen Tage ist Manfred Petz, so sein
eigentlicher Name, eine Institution geblieben. Einer Umfrage aus
den Achtzigern zufolge kennen ihn 97 % der Bundesbürger. Mit
seinen Konzerten füllt er noch in den neunziger Jahren mühelos die
größten Hallen und reißt seine Fans zu *standing ovations* hin.

In den Jahren, als Freddy seinen großen Durchbruch
hatte, gab es bei uns zu Hause tiefgreifende Veränderungen. Zum
einen wurde Vater, bislang im Mannheimer Theresienkrankenhaus
als Stationsarzt tätig, zum Chefarzt befördert. Und zweitens zogen
wir von unserer 3-Zimmer-Stadtwohnung in ein repräsentatives
Einfamilienhaus am Stadtrand um. Vor dem Haus stand nun ein
Mercedes, denn Vater fand, der alte VW, den er bis dato gefahren
war, sähe äußerst ärmlich aus. Sonntags ging er nicht mehr ins
Stadion, um seinen geliebten SV Waldhof beim Auf- oder Abstieg in
die Regionalliga mitzuerleben (»Was denken meine Patienten, wenn
sie mich dort sehen?«). Statt dessen wurde er Mitglied im LIONS-
Club. Beim Abendbrot wurden mein Bruder und ich angehalten das
Wurstbrot nicht mehr, wie all die Jahre zuvor, mit der Hand zum
Mund zu führen, sondern es mit Messer und Gabel auf dem Teller
zu zerkleinern. Und Mutter – das war das Schlimmste an der
ganzen Umstrukturierung des häuslichen Lebens – kaufte sich
fürderhin keine Schlagerplatten mehr, sondern fing an, nur noch
Opern und Symphonien zu hören. Es war schrecklich.

Auch meine Lieblingssängerin der späten Fünfziger,
Caterina Valente, fiel Mutters Verdikt zum Opfer. Dabei wohnte die
Valente in Oberflockenbach, wenige Kilometer vor Mannheims
Toren und damit nur knapp eine halbe Stunde Autofahrt von uns
entfernt. Wie alle Mannheimer machten Vater, Mutter, mein Bruder
und ich von Zeit zu Zeit am Sonntagnachmittag einen Ausflug
dorthin, um ihren supermodernen Bungalow zu bewundern. Ich
glaube, Mutter war ziemlich neidisch auf sie, und das war ein
zusätzlicher Grund, keine ihrer Platten zu kaufen.

Die aus einer italienischen Familie stammende und in Paris geborene Wahldeutsche Caterina war die mit Abstand erfolgreichste Sängerin der deutschen Nachkriegsära. Sie hatte unzählige Hits. 1955 feierte sie ihren ersten Erfolg mit ihrer Platte »Fiesta Cubana«. Im Jahr darauf plazierte sie sich mit dem bereits erwähnten »Komm ein bißchen mit nach Italien« sowie mit dem eher schnulzigen »Steig in das Traumboot der Liebe« in den Bestsellerlisten. Mit »Es geht besser, besser, besser, / immer besser, besser, besser« lieferte sie den passenden Soundtrack zum florierenden Wiederaufbau. 1954 verkaufte sich ihre Aufnahme »Ganz Paris träumt von der Liebe« 500 000mal – für damalige Verhältnisse war das enorm viel. Mit »Wo meine Sonne scheint« gelang ihr 1957 eine stilechte Eindeutschung des Harry Belafonte-Titels »Island in the sun«. 1958 präsentierte sie das umwerfende, zu einem klassischen Evergreen gewordene »Spiel noch einmal für mich, Habanero«, und 1959 stürmte sie mit »Tschau tschau Bambina« die Hitlisten. Caterina Valente ist bis heute eine der wenigen einheimischen Größen, die zum international gefeierten Star avancierten.

25

Sie nahm Platten in zwölf verschiedenen Sprachen auf. Einen ihrer größten internationalen Erfolge feierte sie 1955 in den USA und in Großbritannien mit dem Titel »The breeze and I«. In Italien war sie, ähnlich wie in Deutschland, bis in die sechziger Jahre hinein Dauergast der Hitparaden, ihre großen Erfolge wie »Till«, »Personalità« und »Il dente d'elefante« besitzen dort noch heute Kult-Status. Ich liebte unter ihren Liedern ganz besonders »Tipitipitipso« (»Tipitipitipso / beim Calypso / ist dann alles wieder gut, / ja, das ist mexikanisch ...«,1957). Als ein in Ideologiekritik und politischer Analyse geübter fünfzigjähriger Autor habe ich zu diesem Song kritisch anzumerken, daß der Calypso eigentlich gar kein mexikanischer Tanz ist und daß Zeilen wie »Coco kauft sich, bittesehr, / eines Tages Schießgewehr, / weil ein Mexicano das / macht so großen Spaß« sowohl grammatikalisch falsch sind als auch von unterschwelligem Rassismus zeugen. Der Schwärmer und Fan in mir hält »Tipitipitipso« indessen nach wie vor für einen der Höhepunkte deutschen Schlagerschaffens. Noch heute finde ich es sehr schade, daß ich Mutter nicht davon überzeugen konnte, einmal eine Ausnahme zu machen und sich wenigstens diese Platte zuzulegen.

Bei einem anderen Sänger versagten meine Überredungskünste ebenfalls: Bereits als ich ihn das erste Mal am Radio hörte – es war 1958 – war ich Feuer und Flamme. »Sugar Baby, oh oh Sugar Sugar Baby«, so sang er da, und ich fand, das war das tollste Lied, das ich bis dahin gehört hatte. Die Stimme des Sängers beeindruckte mich sehr – sie klang irgendwie so erwachsen, und trotzdem war er nicht so altmodisch wie meine Eltern. Mutter war da völlig anderer Meinung und beschimpfte ihn als »Schluckaufsänger« und als »Heulboje«. Ich kapierte das nicht: Sie schimpfte oft auf Elvis Presley, das konnte ich verstehen, denn der sang englisch, und sie war vermutlich sauer, daß sie den Text nicht verstand. Aber der Sänger von diesem »Sugar Baby«, der sang doch schließlich in deutsch und trotzdem ließ Mutter kein gutes Haar an ihm und zeterte immer wieder, er »mache den Amis alles nach«. – Sie hatte aber auch immer etwas zu meckern.

So wie in meinem eigenen Elternhaus ging es vermutlich in sehr vielen Familien zu: Papa und Mama, in den Zeiten eisernen

Gehorsams und eherner Disziplin im BDM- und HJ-Geist auf-
gewachsen, verstanden die Welt nicht mehr. Sie, denen man ihre
Jugend geraubt hatte, mußten plötzlich zusehen, wie ihre Kinder
Idolen zujubelten, deren Hüftkreisen und lässiges Wackeln mit dem
Unterleib nur schamlos genannt werden konnte. Die jungen
Deutschen stellten am Ende der Fünfziger die Werte ihrer Eltern
mehr und mehr in Frage und rangen um einen eigenen Lebensstil.
Statt preußisch-korrektem Haarschnitt war auf einmal die Elvis-Tolle
angesagt, statt freudloser militärischer Uniformität trugen die Mädchen Petticoat und die Jungen Röhrenhosen, die sie zu allem
Überfluß auch noch *blue jeans* nannten. Und statt Gerhard Wendland und Lys Assia lauschten sie Interpreten, die die Rock 'n' Roll-
Hits aus Übersee nachsangen. In den Jahren unmittelbar nach der
bedingungslosen Kapitulation, so dachten sich viele Ältere, mag es
ja gute Gründe dafür gegeben haben, »Das gibt es nur in Texas«
und ähnliche Hohelieder auf die Sieger des Zweiten Weltkriegs zu
singen. Nun aber, mehr als ein Jahrzehnt nach Kriegsende, fanden
sie, die Deutschen hätten angesichts des eigenen Wirtschafts-
wunders solch untertäniges Gebaren wirklich nicht mehr nötig.

Nein, diese Welt, wie sie sich die Söhne und Töchter zu gestalten
versuchten, die konnte von den Altvorderen nur als bedrohlich
erlebt werden. Peter Kraus – so der Name des von mir so ge-
schätzten »Sugar Baby«-Sängers – war in den Augen der Eltern
geradezu der Inbegriff der neuen Generation, die sich ostentativ an
der Kultur der siegreichen Besatzer – halt, der Verbündeten, auch
da hieß es umzudenken – orientierte.

    Als Mitte der Fünfziger der Rock 'n' Roll über die Ver-
einigten Staaten hereinbrach und Stars wie Bill Haley und Elvis für
volle Hallen und gelegentliche Exzesse sorgten, da baute ein fin-
diger Produzent älteren Semesters mit Namen Gerhard Mendelsohn seinen Schützling Peter Kraus zu einer Art deutschsprachi-
gem Elvis Presley auf. Peter Kraus – das war so etwas wie »Presley
light«: Im Vergleich zu der provozierend sexuellen Ausstrahlung des
»King« wirkte sein Gebaren auf der Bühne eher wie eine etwas ver-
klemmte Parodie seines Vorbildes. Doch das reichte hierzulande
völlig aus, die im Grunde noch immer preußisch-zackigen Väter auf

die Palme zu bringen. Sie fürchteten sich offensichtlich vor der sich im Rock 'n' Roll ankündigenden Sexualisierung des Lebens.

1957 erklomm Peter mit »Susi Rock« erstmals die Charts und zählte fortan zu den ganz Großen im Musikgeschäft. Alleine in den Fünfzigern war er mit mehr als einem Dutzend Titeln erfolgreich, unter anderem mit »O Baby, mach dich schön« (1957), »Hula Baby« und »Mit siebzehn« (beide 1958) und schließlich mit »Sugar Baby« (1959). Zwar ging es bei Peters Konzerten nie derart hemmungslos zu, wie man es von den Auftritten seiner amerikanischen Vorbilder gewohnt war, doch war das Gebotene auch ohne große Exzesse und Randale für bundesdeutsche Verhältnisse ungeheuer *shocking*. So flog er einmal in Nürnberg aus dem Hotel, weil er es gewagt hatte, sich »rittlings auf einen Stuhl zu setzen«. Das brachte damals allen Ernstes jede Menge Schlagzeilen, und unter den Erwachsenen machte sich blankes Entsetzen breit. Die Halbwüchsigen hingegen fanden solcherlei Rüpeleien großartig.

Conny Froboess war das weibliche Gegenstück zu Peter Kraus. Dem ehemaligen Kinderstar, der zu Beginn des Jahrzehnts mit Gassenhauern wie »Pack die Badehose ein« und »Lieber Gott, laß die Sonne wieder scheinen« debütierte, gelang, was bis dato noch keinem anderen Kinderstar vor ihr gelungen war: Die ehemalige »kleine Cornelia« machte als Teenager eine zweite Karriere. Der Durchbruch gelang ihr 1957 mit »Diana«, im Original ein Titel des nur wenig älteren Paul Anka. Von da an ging es Schlag auf Schlag: Ob »I love you, Baby« oder »Blue Jeans Boy« (beide 1958), ob »Jolly Joker« oder »Kleine Lucienne« (beide 1959) – was immer Conny auch sang, es wurde ein Hit. Ebenso wie Peter Kraus bekam sie jede Menge Goldener Schallplatten und Goldener Löwen und wurde von *Bravo* mehrfach mit dem »Großen Otto« ausgezeichnet. Sie war Deutschlands zweites Teenager-Idol.

Peter Kraus, geboren 1939, und Conny, Jahrgang 1943, waren beide die erklärten Lieblinge der Teenager. Was lag da näher, als der Gedanke, die beiden als ein Traumpaar zu präsentieren? – Gedacht, getan: Ihre beiden Streifen *Wenn die Conny mit dem Peter* und *Peter und Conny machen Musik* wurden in Windeseile zum Kassenmagnet. Die bis dahin favorisierten Filmstars wie O.W. Fischer, Maria Schell und Ruth Leuwerick hingegen sahen mit einmal ziemlich alt aus.

Mit *Wenn die Conny mit dem Peter* begann darüber hinaus der Aufstieg eines weiteren Teenagerstars der Rock 'n' Roll-Ära. Heute blickt er auf die neben Peter Alexander und Freddy wohl langlebigste Schlager-Karriere zurück: Rex Gildo.

Rex (eigentlich: Alexander Hirt) veröffentlichte zunächst 1958 noch unter dem Namen Alexander Gildo seine erste Platte (»Cafeteria Santa Lucia« bei POLYDOR). Mit seinen danach auf ELECTROLA veröffentlichten Songs erzielte er zahlreiche Achtungserfolge. Unter anderem sang er so außerordentlich hübsche Lieder wie »Laß mich gehn» (Original: »Turn me loose« von Fabian), ein musikalisches Vater-Sohn-Drama der Meisterklasse, das mich als Zehnjähriger tief, tief bewegte: »Ich bin schon neunzehn Jahre alt und die Gefahr, sie läßt mich kalt, drum laß mich gehn, laß mich gehn, laß mich gehn, la-ha-haß mich gehn!« – Wie unendlich groß war meine Bewunderung für den Sänger, der diese Worte seinem Dad so souverän entgegenschleuderte! Zu seinem ersten ganz großen Hit wurde »Das Ende der Liebe«. Was im Original (»Tell

Laura, I love her« von Ray Peterson) die Geschichte eines tödlichen
Unfalls auf der Rennbahn war, mutierte in der deutschen Fassung
zu einer nicht minder tragischen Liebesgeschichte mit unglück-
lichem Ausgang (»... sie zog mit ihren Eltern fort, / nach Übersee, sie
schrieb von dort: / Das Ende der Liebe, das Ende der Träume, wird
unsere Trennung sein ...«). Von gar schicksalsträchtigen Gescheh-
nissen wußte dieser Schlager zu berichten: »Für lange Zeit hat er
gespart, / denn teuer ist die Überfahrt. / Die letzte Mark ging dafür
drauf / und dann gab er noch seine Arbeit auf. / Und er fuhr so
weit übers Meer, / fand die Eltern, das war nicht schwer. / Doch sie
war nicht im gesuchten Haus, / die Mutter brach in Tränen aus ...«.
Kaum ein anderes Lied vermochte je mein Herz ähnlich tief zu
bewegen wie dieser meisterhafte Schmachtfetzen.

Seinen Aufstieg zum umschwärmten Teenageridol hatte
Rex gewiß nicht nur seinen stimmlichen Qualitäten zu verdanken: Er
war ein attraktives Kerlchen, wohlproportioniert (was ihm schon früh
den Spitznamen »Sexy Rexy« einbrachte) und trug stets ein strah-
lendes Lächeln auf den Lippen (das er sich von der Zahnpasta-
Firma Durodont, für die er jahrelang in Anzeigen warb, vergolden
ließ). Alljährlich wurde er – wen mag es wundern – von den *Bravo*-
Lesern bei der »Otto-Wahl« sehr weit nach vorne gewählt, und
sämtliche seiner frühen Hits (darunter »Hast du das alles vergessen?«, eine äußerst gelungene Eindeutschung des Welthits »Will
you still love me tomorrow?« von den SHIRELLES) erklommen in der
Bravo-Musicbox Spitzenplätze.

Peter Kraus, Conny, Rex Gildo – die Liste der Teenager-
idole der späten Fünfziger wäre unvollständig ohne seinen
Namen: Ted Herold.

Er, der eigentlich Harald Schubring heißt, glich weit mehr
als Peter Kraus dem gemeinsamen großen Vorbild Elvis Presley. Ob
die schmalzige Tolle oder der heiße Hüftschwung – Ted stand Elvis
in nichts nach. Von seinen Fans wurde er dementsprechend – im
Gegensatz zu Peter Kraus – als der »wahre« deutsche Elvis gefeiert. Er selbst sah sich als »Star der harten Männer«, seinen
Sangeskollegen Kraus kanzelte er als »Weiberhelden« ab. Beide,
Ted und Peter, wurden indes vom gleichen Produzenten gemanagt,
und der verstand es vortrefflich, die publicityträchtige Rivalität unter

Moonlight
1:0

TED HEROLD

polydor

den Fans zu schüren. So kam es bei gemeinsamen Konzerten seiner beiden Zöglinge wiederholt zu erbitterten Handgemengen, und die Fans des einen quittierten die Auftritte des anderen mit Pfiffen und faulen Eiern. »Peter Kraus ins Gesicht gespuckt« und »Faule Eier gegen Peter Kraus«, so war es dann der Tagespresse zu entnehmen. Solcherlei Schlagzeilen ließen die Umsatzzahlen beider Sänger in die Höhe schießen – wobei Teds Rock 'n' Roll-inspirierte Titel »Hula Rock« und »Ich bin ein Mann« (beide 1959) zu seinen größten Treffern wurden, überrundet nur noch 1960 vom butterweichen »Moonlight« (»Muhuhunlight, die Nacht ist schön, muhuhunlight, unsagbar schön ...«).

Doch gleich, ob Ted oder Peter, ob Rex oder Conny – die Teenagerstars der Fifties waren, nimmt man es genau, eine »Mogelpackung«. Hinter ihnen standen die alten Füchse der Plattenkonzerne. Die Teds und Peters waren nur ein Rädchen in einer gut geschmierten Maschinerie, ihre Hits hatten mit Rock 'n' Roll, einem Musikstil, der ursprünglich aus den Ghettos der Schwarzen stammte, nichts mehr gemeinsam. Der Rock 'n' Roll,

31

in seiner unverfälschten Form noch gespickt mit sexuellen und sozialkritischen Anspielungen, war ursprünglich Ausdruck der Rebellion der Farbigen gegen Diskriminierung und soziale Benachteiligung. Er wurde zunächst von US-Stars wie Elvis, Paul Anka und Connie Francis für den weißen Markt »gebügelt«, um schließlich in einem Wasch- und Spülgang endgültig entsexualisiert und den Hörgewohnheiten deutscher Jugendlicher angepaßt zu werden. »Bei Conny ist die Jugend so gut aufgehoben wie in einer Klosterschule. Kein Whiskeygeruch, kein Zigarettendampf, kein neumodischer Unfug: beste Vorkriegsware in sterilisierter Nachkriegs-Kunststoff-Verpackung«, so scholt gestreng Jean Améry. In der Tat, mit Aufbegehren und mit Protest hatten »Sugar Baby«, »I love you, Baby« und »Moonlight« beim besten Willen nichts mehr am Hut. Und doch – bei all ihrer Artigkeit: Mit diesen Schlagern konnten sich die jungen Deutschen in der Nachkriegszeit von den Wertvorstellungen der Generation ihrer Eltern und damit vom Geist der HJ und des BDM abgrenzen. Und das war für das Deutschland der fünfziger Jahre schon eine ganze Menge.

Deutsche Hits

Rudi Schuricke: Caprifischer
Bully Buhlan: Wir tanzen wieder Polka
Goldy und Peter de Vries: Von den blauen Bergen kommen wir
Die 3 Nickels: Der alte Schimmel ist im Himmel
Theo Lingen: Der Theodor im Fußballtor
Maria Andergast und Hans Lang: Mariandl
Karl Berbuer: Trizonesien-Song
Fred Rauch: Englisch ist gar nicht so schwer
Rudi Schuricke: Möwe, du fliegst in die Heimat
Dorle Rath: Barbara, komm mit nach Afrika
Detlev Lais: Der Laternenanzünder
Maria von Schmedes: I hab rote Haar
Jupp Schmitz: Wer soll das bezahlen?

Deutsche Hits

Rudi Schuricke: Florentinische Nächte
Richard Germer: Nimm mich mit, Kapitän, auf die Reise
René Carol: Im Hafen von Adano
Friedel Hensch und die Cypris: Holdrio – liebes Echo
Renée Ranke: C'est si bon
Rudi Schuricke: Auf Wiedersehn

Deutsche Hits

Die kleine Cornelia: Pack die Badehose ein
Bully Buhlan: Ich hab mich so an dich gewöhnt
Detlev Lais: Schau mich bitte nicht so an
Die Cypris: Die Fischerin vom Bodensee
Friedel Hensch und die Cypris: Bei mir zu Haus
Renée Franke und Detlev Lais: Eine weiße Hochzeitskutsche
Willy Schneider: Schütt die Sorgen in ein Gläschen Wein
Bully Buhlan: Ham' se nicht 'ne Braut für mich
Liselotte Malkowsky: Der alte Seemann kann nachts nicht schlafen
Detlev Lais: Das machen nur die Beine von Dolores

Deutsche Hits

René Carol: Rote Rosen, rote Lippen, roter Wein
Maria von Schmedes: Ich möcht' gern dein Herz klopfen hör'n
Rudi Schuricke: Frauen und Wein
Friedel Hensch und die Cypris: Egon
René Carol und Barbara Kist: Am Strand von Havanna steht ein
Mädchen
Hula Hawaian Quartett: Wo die Südsee rauscht, Luana
Bruce Low: Tabak und Rum
Peter Alexander und Leila Negra: Die süßesten Früchte fressen nur
die großen Tiere
Friedel Hensch und die Cypris: Tango-Max
Rita Paul und Bully Buhlan: Mäcki-Boogie
Lale Andersen: Blaue Nacht am Hafen

Deutsche Hits

Maria Mucke: Es wird ja alles wieder gut
Rita Paul: Spiel mir eine alte Melodie
Bruce Low: So viel Wind und keine Segel
Hula Hawaian Quartett: Vaya con dios
René Carol: Südliche Nächte
Friedel Hensch und die Cypris: Försterliesel
Gerhard Wendland: Vagabundenlied
Willy Schneider: Man müßte noch mal 20 sein
Gerhard Wendland: Lebe wohl, du schwarze Rose
Hans Arno Simon: Anneliese
Rita Paul: Spiel mir eine alte Melodie
Hans Arno Simon: Ach, sag doch nicht immer wieder Dicker zu mir

Deutsche Hits

Illo Schieder: Sieben einsame Tage
Friedel Hensch und die Cypris: Das alte Försterhaus
Bully Buhlan und Mona Baptiste: Es liegt was in der Luft
Rudi Schuricke: Moulin Rouge (Ein Lied aus Paris)
Friedel Hensch und die Cypris: Heideröslein
Hula Hawaian Quartett: Jim, Jonny und Jonas
Paul Kuhn: Der Mann am Klavier
Willy Hagara: Diesmal muß es Liebe sein
Maria Mucke: Heut' ist ein Feiertag für mich
Caterina Valente; O Mama, O Mama, O Mamajo
Die Singenden Waldmusikanten: Am Waldesrand
Mona Baptiste und Bully Buhlan: Es liegt was in der Luft

Deutsche Hits

Margot Eskens: Mutti, du darfst doch nicht weinen
Bully Buhlan: Ich möcht auf deiner Hochzeit tanzen
Bruce Low: Das alte Haus von Rocky Docky
Caterina Valente: Ganz Paris träumt von der Liebe
Willy Hagara: Ein Häuschen mit Garten
René Carol: O Wandersmann
Gerhard Wendland: Zwei Matrosen aus Shanghai
Mona Baptiste: Polly Dolly Du
Hula Hawaian Quartett: Am weißen Strand von Soerabaya

Deutsche Hits
Deutschsprachige Titel unter den 20 meistverkauften Schallplatten

Freddy: Heimweh 1
Peter Alexander: Der Mond hält seine Wacht 3
Club Indonesia: Steig in das Traumboot der Liebe 4
Margot Eskens: Tiritomba 5
Caterina Valente und Peter Alexander: Sensationell 6
Caterina Valente: Es ist so schön bei dir 7
Gerhard Wendland: Bei uns in Laramie 8
Die Sieben Raben: Smoky 9

Das Musikanten-Quartett: Rosa Rosa Nina 10

Angele Durand: So ist Paris 11

Freddy: Rosalie 12

Bruce Low: Und es weht der Wind 13

Margot Eskens: Ich möcht heut ausgeh'n 14

Bruce Low: Wenn die Sonne scheint in Texas 15

Illo Schieder: Freu dich auf Sonntag 16

Ralf Bendix: Sie hieß Mary Anne 17

Lys Assia: Arrividerci Roma 18

Caterina Valente und Peter Alexander: Sing, Baby, sing 19

Alice Babs: Twiedlie Die 20

1957

Deutsche Hits
Deutschsprachige Titel unter den 20 meistverkauften Schallplatten

Margot Eskens: Cindy, oh Cindy 1

Freddy: Heimatlos 3

Die Heimatsänger: Köhlerliesel 4

Gitta Lind: Weißer Holunder 5

Wolfgang Sauer: Warum strahlen heut nacht die Sterne so hell 6

Vico Torriani: Siebenmal in der Woche 7

Club Italia: Ich wär' so gern bei dir 8

Caterina Valente: Dich werd' ich nie vergessen 9

Lys Assia: Was kann schöner sein 10

Das Lukas-Trio: Sei zufrieden 12

Peter Alexander: Ich weiß, was dir fehlt 13

Die Blauen Jungs: Zuhause, Zuhause 15

Peter Alexander: Das tu ich alles aus Liebe 16

Freddy: Wer das vergißt 17

Caterina Valente: Tipitipitipso 18

Peter Alexander: Ein bißchen mehr 19

Club Argentina: O Billy Boy 20

1958

Deutsche Hits
Deutschsprachige Titel unter den 20 meistverkauften Schallplatten

Fred Bertelmann: Der lachende Vagabund 4

Conny: I love you, Baby 6

Conny: Diana 7

Caterina Valente: Spiel noch einmal für mich, Habanero 8

Lolita: Der weiße Mond von Maratonga 10

Freddy: Der Legionär 11

Willy Hagara: Casetta in Canada 12

Peter Kraus: Hula Baby 14

Peter Alexander: Bambina 15

Lolita: Addio amigo 16

Vico Torriani: Ananas aus Caracas 17

Freddy: Einmal in Tampico 18

Caterina Valente: Wo meine Sonne scheint 19

Chris Howland: Fräulein 20

1959

Deutsche Hits
Deutschsprachige Titel unter den 20 meistverkauften Schallplatten

Freddy: Die Gitarre und das Meer 1

Peter Kraus: Sugar Baby 3

Gitta Lind und Christa Williams: My happyness 4

Dalida: Am Tag, als der Regen kam 6

Caterina Valente: Tschau tschau Bambina 7

Chris Howland: Das hab ich in Paris gelernt 8

Peter Kraus: Kitty Cat 9

Rocco Granata / Will Brandes: Marina 10

Ivo Robic: Morgen 11

Tom und Tommy: Eine Hand voll Heimaterde 13

Peter Alexander: Mandolinen und Mondschein 14

Heidi Brühl: Chico chico Charlie 15

Hans Blum: Charly Brown 17

Melitta Berg: Nur du, du, du allein 18

Freddy: Unter fremden Sternen 19

Conny: Mr. Music 20

60er
Jahre

Heißer Sand
und ein verlorenes Land
Die sechziger Jahre

Am Anfang war Rocco Granata. Zu meinem elften Geburtstag wünschte ich mir die Platte mit seinem Hit »Marina«. Um meinem Anliegen Nachdruck zu verleihen, erklärte ich feierlich, eventuelle andere Geschenke auf gar keinen Fall anzunehmen, falls mir dieser Herzenswunsch nicht erfüllt würde. Diese Drohung verfehlte ihr Ziel nicht. Zu den Geburtstagsfeierlichkeiten waren schließlich alle möglichen Tanten und Verwandten zugegen, und da Vater und Mutter einen Eklat fürchteten, kauften sie mir – »ausnahmsweise«, wie sie nicht zu betonen vergaßen – die ersehnte Single mit diesem wunderschönen Lied.

MEINE ERSTE EIGENE SCHALLPLATTE: Wochenlang saß ich, wann immer sich die Gelegenheit bot, vor der elterlichen Musik-truhe und hörte mir »Marina« an. Diese heisere, kratzige Stimme von Rocco, diese unbeschwerte Instrumentierung und diese ein-gängige, unbekümmerte Melodie, all das erfüllte mich stets aufs neue mit einem unbeschreiblichen Gefühl der Freude. Des Italie-nischen nicht mächtig, versuchte ich, mir den Text des Liedes laut-malerisch einzuprägen: »Marina, Marina, Marina, ti volio piu presto sposar« oder so ähnlich – was immer Rocco mit diesen Zeilen sagen wollte, er sprach mir damit aus dem Herzen.

Nicht nur ich liebte dieses Lied damals über alle Maßen. Der *Musikmarkt* ermittelte am Ende des Jahres 1960 »Marina« mit 1 050 264 verkauften Exemplaren als die meistverkaufte Platte der letzten zwölf Monate, die von Will Brandes gesungene deutsch-sprachige Fassung fand darüber hinaus den Weg in weitere 500 000 Haushalte. Solche enormen, heute ungewöhnlich hoch anmutenden Umsatzzahlen verwundern bei näherem Hinsehen nicht: Seinerzeit wurde insgesamt viel weniger produziert als heute, der Kuchen also unter wesentlich weniger Titeln verteilt. (Gerade darin liegt übrigens der Reiz, den die alten Schlager von damals auf

GUS
BACKUS

Mein
Schimmel
wartet
im Himmel

Regen-Regen

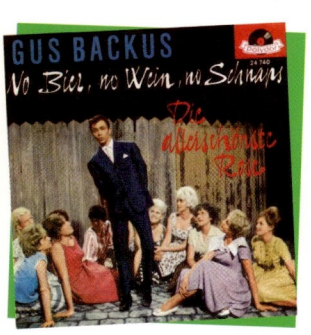

uns heute noch ausüben. An den wenigen Songs, die damals veröffentlicht wurden, kam kein Mensch vorbei, ob er wollte oder nicht. Es war 1960 schier unmöglich, nicht das eine oder andere Mal »Marina« zu hören. Heute hingegen ist es angesichts der Flut von Titeln fast schon die Ausnahme, wenn jemand einmal zufällig die gleichen Songs wie seine Mitmenschen kennt. Hits mit so hohem Wiedererkennungswert wie damals wird es in Zukunft leider immer weniger geben.)

Mit »Marina« hatte meine Leidenschaft begonnen. Von da an nervte ich meine Eltern unablässig mit weiteren Plattenwünschen. Mein Bitten und Betteln hatte jedoch nur mäßigen Erfolg, denn Vater und Mutter hatten sich darauf verständigt, meine Schlagerpassion sanft in andere Kanäle zu lenken. Sie versuchten, mir Mozart und Beethoven schmackhaft zu machen und meldeten mich zum Klavierunterricht an, wo ich fortan mit Bartók und Chopin gemartert wurde. Taschengeld erhielt ich damals noch nicht, und so blieb mir nun nichts weiter, als all die schönen bunten Hüllen der Hits, die ich so gerne mein eigen genannt hätte, in den

Schaufenstern des Plattenladens bei uns um die Ecke sehnsüchtig
anzustarren.

Irgendwann Anfang 1961 spielten sie im Radio Gus
Backus mit seinem Song »Da sprach der alte Häuptling der
Indianer«. Für mich war das Liebe auf den ersten Ton: Dieses Lied
war das umwerfendste, was ich bis dahin gehört hatte, und die
Stimme des Sängers klang in meinen Ohren so großartig, so be-
eindruckend und so hinreißend, wie noch nie zuvor eine andere
Stimme. Tags darauf flitzte ich gleich nach der Schule zu »meinem«
Plattenladen. Bereits im Schaufenster stach sie mir in die Augen:
Eine POLYDOR-Single, auf deren Hülle in großen Lettern »Gus
Backus singt aus dem Film GI Blues: Wooden Heart – Muß i denn
zum Städtele hinaus« stand. Darunter fand ich, in kleineren Buch-
staben: »Da sprach der alte Häuptling«. Dieses Lied, das am Tag
zuvor wie ein Blitz in mein Leben eingeschlagen war, fand sich also
auf der B-Seite – nicht weiter verwunderlich, denn es war damals
noch gang und gäbe, auf eine Platte zwei hochkarätige Hits zu

packen. Erst Jahre später ging man dazu über, den Kunden auf der Rückseite irgendwelchen nichtssagenden Kram unterzujubeln. Außer dem Text zierte die Hülle noch ein Foto von zwei Männern. Der rechte von den beiden – das spürte ich sofort – war Gus. Mein Herz pochte: So ein schnuckeliger Typ war mir in meinem Leben noch nie begegnet. Dieser umwerfend tolle Haarschnitt, dieser liebevolle und zugleich ungeheuer forsche Blick, diese wohlsitzende Uniform – das alles war wie eine Offenbarung.

Chopin hin, Mozart her – diese Platte *mußte* ich haben. Ich beschloß zu nerven, zu betteln und zu quengeln, drohte mit Boykott des Klavierunterrichts und mit Schuleschwänzen. Und tatsächlich: Es dauerte keine Woche, da ließ sich Mutter erweichen. Nach mehr als einem halben Jahr gesellte sich zu »Marina« meine zweite Platte.

Allmählich bekam ich Routine. Jedes Mal, wenn Gus in den Monaten darauf einen neuen Song herausbrachte, setzte ich meine Nerv- und Quengelanfälle noch effektiver als zuvor in Szene. Um diesem Theater ein Ende zu bereiten, erhielt ich schließlich jede Woche 1 DM Taschengeld. Davon sollte ich mir meine Platten zukünftig selbst kaufen. Endlich hatte ich erreicht, was ich wollte! Von da an nannte ich jeden Monat ein neues Exemplar jener wundervollen 17 cm großen Scheiben mein eigen. Im Laufe der Zeit kam ich so zu einer kompletten Sammlung der Hits von Gus: »Der Mann im Mond«, »No Bier, no Wein, no Schnaps«, »Linda«, »Sauerkrautpolka«, »Mein Schimmel wartet im Himmel«, »Rote Lippen soll man küssen« und viele, viele mehr. Und es waren beileibe nicht nur die Songs von Gus, für die ich stolze vier Mark berappte. Trude Herr hielt mit »Ich will keine Schokolade« Einzug in meine Plattensammlung, die BLUE DIAMONDS mit »Ramona« und Peter Hinnen mit »7000 Rinder«. Auch der von meinen Eltern so sehr verschmähte Peter Kraus war nun mit von der Partie. Die Lieder, die er mittlerweile veröffentlichte, hatten allerdings nichts mehr mit Rock 'n' Roll zu tun: Peter Kraus, wie sein Vorbild Elvis Presley allmählich dem Teenageralter entwachsen, war längst auf die neue »sanfte Welle« aufgesprungen und profilierte sich erfolgreich als Deutschlands Schmusesänger Nr. 1. Wie sehr liebte ich seine sentimentalen Songs, allen voran sein »Blue Melodie«:

»Blue Melodie, blue Melodie«, so hauchte er hingebungsvoll ins Mikrofon, »ich geh allein durch die Nacht. / Niemand ist da, niemand ist nah, / der heut' mein Herz glücklich macht.« Einfach großartig, wie er sich dann im Refrain zu den Zeilen aufschwang: »Endlose Tage, endlose Nächte, / wenn man sich sehnt und einsam ist. / Und immer wieder stell ich die Frage, / ob mich das Glück ganz vergißt.« Noch genialer fand ich sein »Schwarze Rose, Rosemarie«, jenen Song, dem noch heute, 35 Jahre nach seiner Veröffentlichung, bei Peters Konzerten eng umschlungene Paare reiferen Semesters andächtig lauschen: »Schwarze Rose, Rosemarie, / keine Rose blüht so wie sie. / Doch was sie andern sagt, sagt sie mir nie, / Ros - ma - rie ...« Wirklich, Peter Kraus war einsame Spitze!

Nicht nur ihm, auch den anderen Teenie-Idolen der Fifties gelang es, nach dem Abebben des Rock 'n' Roll erneut Fuß zu fassen. Lediglich um Ted Herold wurde es in den Sechzigern zunehmend still – für ihn war sein Einzug zur Bundeswehr ein Karriereknick. Anders der schon immer eher softe Rex Gildo. Ihm gelangen 1962 mit Titeln wie »Speedy Gonzales«, »Maddalena« und »Zwei blaue Vergißmeinnicht« riesige Erfolge. Ähnlich Conny Froboess, auch sie war Dauergast der Bestsellerlisten. Zu ihrem größten Hit wurde 1962 »Zwei kleine Italiener«, ein Zeitgeist-Hit par excellence: Angesichts der überschäumenden Konjunktur der Wirtschaftswunderjahre starteten Bundesregierung und Industrie in südeuropäischen Ländern wie Spanien, Portugal und eben auch Italien großangelegte Anwerbekampagnen, um »Gastarbeiter« ins Land zu locken. Die bundesdeutsche Bevölkerung, an die Präsenz der US-amerikanischen, französischen und britischen Verbündeten längst gewöhnt, sah sich nun zusätzlich mit einer immer größer werdenden Zahl von Ausländern konfrontiert. Und wenn auch die Titelzeile »Zwei kleine Italiener« recht gönnerhaft klang, so fing Connys Lied sehr wohl die Lebenssituation der neu Zugereisten ein und schilderte realistisch ihr Heimweh.

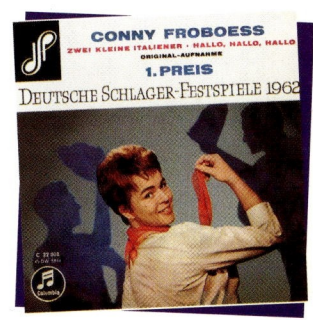

Conny belegte mit diesem Titel 1962 den ersten Platz bei den Deutschen Schlagerfestspielen, einem von da an in den Sechzigern alljährlich stilvoll im Kursaal von Baden-Baden zelebrierten Wettbewerb. Der Bedeutung des Schlagers in den frühen

Sechzigern entsprechend, war dieser nationale Contest auch ein Fernsehereignis erster Güte, das als Eurovisionssendung über die schwarz-weißen Fernsehschirme Deutschlands, Österreichs und der Schweiz flimmerte. Über Jahre hinweg wurden dort zahlreiche Schlager aus der Taufe gehoben, die noch heute Kult-Status genießen. 1963 etwa siegte die bis dato in Deutschland noch völlig unbekannte dänische Sängerin Gitte. Sie war mit »Ich will 'nen Cowboy als Mann« angetreten und landete damit einen der großen Hits des Jahres. Laut *Musikmarkt* landete der Titel unter den bestverkauften Singles auf Platz 5. »Ich will 'nen Cowboy als Mann«, dieser Song hatte es in sich: Er erzählte die Geschichte eines jungen Mädchens, das von ihren Eltern möglichst ersprießlich unter die Haube gebracht werden sollte. Die Mutter riet ihr: »Nimm doch den von nebenan, denn der ist bei der Bundesbahn!« Das undankbare Kind schlug solcherlei gute Ratschläge jedoch unisono in den Wind, meinte »no, no, no, no, no, / mit dem werd ich des Lebens nicht mehr froh!« und insistiert, sie wolle statt dessen eben »'nen Cowboy als Mann«. Aus heutiger Sicht mutet das gewiß sehr harmlos an, für die sittenstrengen und spießigen frühen Sechziger waren diese Zeilen jedoch ganz schön respektlos.

Auch 1964 siegte mit Siw Malmkvist wieder eine Interpretin aus dem skandinavischen Raum. Siw Malmkvist: »Liebeskummer lohnt sich nicht, my darling, / schade um die Tränen in der Nacht. / Liebeskummer lohnt sich nicht, my darling, / weil morgen schon dein Herz darüber lacht.« – Diese Zeilen, die schnell zu einer Art geflügeltem Wort wurden, brachten Siw, die in ihrer Heimat Schweden schon seit vielen Jahren zu den ganz Großen zählte (und noch heute dazu zählt), den Durchbruch in Deutschland. Die Platte verkaufte sich mehr als einemillionmal, in der *Musikmarkt*-Verkaufshitparade von 1964 rangierte sie mit diesem Titel auf Platz 1.

Conny, Gitte, Siw Malmkvist – sie alle fand ich phänomenal. Meine absolute Lieblingssängerin der frühen Sechziger allerdings war Mina. Sie sang zwei der ultimativ großartigsten Schlager der sechziger Jahre: »Heißer Sand« und »Tabu«.

»Heißer Sand« war ein herrlich-düsterer Song: »Schwarzer Tino, deine Rina war dem Rocco schon im Wort«, so sang die italienische Diva radebrechend. In meinen Ohren hörte sich ihr

Kauderwelsch aber an wie »... deine Rina war mit Rocco schon im Wald«, und in meiner noch immer ungebrochenen kindlichen Unschuld grübelte ich in einem fort, was die beiden denn dort angestellt haben mochten. Auch die weiteren Textzeilen trugen nicht unbedingt zur Klärung bei: »Heißer Sand und ein verlorenes Land / und ein Leben in Gefahr. / Heißer Sand und die Erinnerung daran, / daß es einmal schöner war.« – Ich hätte beim besten Willen nicht sagen können, um was es sich bei diesen Zeilen drehte. Allerdings spürte ich sehr wohl, daß es etwas Geheimnisvolles sein mußte und fand den Text daher große Klasse.

Ähnlich verhielt es sich mit »Tabu«: »Heut seh ich ein Band aus tausend Sternen«, so sang sie, »heller als Laternen / dort am Himmel stehn. / Heut geh ich den schönsten Weg auf Erden, / doch die andern werden / mich nie wieder sehn.« Selbst heute noch ist mir nicht klar, was Mina mit diesen Versen mitteilen wollte. Was war das für ein Weg, den sie da ging? Was hatten diese tausend Sterne zu bedeuten, und was fand sie so besonderes daran, daß sie »heller als Laternen« leuchteten?

Wie dem auch sei: Als Zwölfjähriger vermutete ich auch hinter diesem Text ein großes Geheimnis und eine immerwährende Wahrheit. »Tabu, tabu, / es scheint gefährlich zu sein, was ich tu« – einfach gigantisch!

Gerd Böttcher hatte zwar längst nicht das Format von Mina, dennoch mochte ich auch ihn sehr gerne. Er feierte den großen Durchbruch mit seinem Song »Geld wie Heu«: »Mein Herz ist voller Liebe, denn Susi lieb ich sehr. / Mein Herz ist voll, denn leider sind die Taschen leer. / Ich habe Angst, die Susi nimmt sich einen anderen Boy, / einen, der das eine hat, was ich nicht hab: Geld wie Heu.« Diese Verse sprachen mir so richtig aus der Seele: Eine Mark in der Woche, das war in der Tat kärglich, und ich konnte Gerds Kummer lebhaft nachempfinden. Ähnlich gut gefiel mir sein »Für Gaby tu ich alles«, wo er erneut in die Rolle des armen, aber liebenswerten und mit einem ordentlichen Schuß Naivität ausgestatteten Sonnyboys schlüpfte und alles nur erdenkliche unternahm, seiner angehimmelten Gaby zu imponieren: »Ich helf seit Wochen / ihr täglich beim Kochen, / für Gaby tu ich alles. / Ich trag auch munter / den Mülleimer runter, / für Gaby tu ich alles.« Und »Adieu, lebewohl, goodbye«, Böttchers von einem treibenden Rhythmus untermalte Version der Barcarole aus *Hoffmanns Erzählungen* von Jaques Offenbach, zählt für mich noch heute zum Flottesten, was die Sixties an grandiosen Hits hervorbrachten.

Im Winter 1961 hörte ich aus einer Musicbox das erste Mal »Die Liebe ist ein seltsames Spiel« dröhnen. Ich war wie elektrisiert: Weniger der Song, nein, vor allem diese Stimme war es, die meine Aufmerksamkeit erregte. Eine weinerliche, etwas gequält wirkende Frauenstimme, ein bißchen durch die Nase gesungen, die Töne fast schon schmerzhaft in die Länge gezogen und ein schauderhafter amerikanischer Akzent. Das fand ich riesig. Es war, wie sich herausstellte, die Stimme von Connie Francis. Sie war damals in den Staaten ein schon seit Jahren gefeierter Teenager-Star mit unzähligen Hits. Diese kannte man jedoch hierzulande, den damaligen Gepflogenheiten entsprechend, allenfalls in der deutschen Cover-Version. So etwa »Lipstick on your collar«, das bei Conny (Froboess) zu »Lippenstift am Jacket« wurde. Allmählich allerdings verbuchte die bundesdeutsche Schallplattenindustrie immer

größere Zuwachsraten, und Deutschlands Musikmarkt wurde so
auch für die Stars aus Übersee interessant. Connie Francis ließ als
erste einen auf dem US-Markt erprobten Hit nicht mehr von einem
deutschen Publikumsliebling nachsingen, sondern schritt selbst zur
Tat. Sie war in den USA bei der mit der deutschen POLYDOR ge-
schäftlich verflochtenen MGM unter Vertrag. Das bedeutete, daß
die Produktionskosten für eine Eindeutschung sehr niedrig gehalten
werden konnten, da das komplette Playback der Originalaufnahme
bereits zur Verfügung stand. Es mußte also nur der Gesang neu
aufgenommen werden.

Das Original »Everybody's somebody's fool« rangierte in
den Staaten auf Platz 1 der Charts, stieß in England bis auf Platz 5
vor, bei uns hingegen kam es, den damaligen Hörgewohnheiten
entsprechend, nicht über einen neunundzwanzigsten Platz hinaus.
Anders die deutsche Fassung: »Die Liebe ist ein seltsames Spiel«
plazierte sich auf Anhieb als Nr. 1 und wurde zum Startsignal von
Connies kometenhaftem Aufstieg in der BRD.

»Die Liebe ist ein seltsames Spiel. / Sie kommt und geht
von einem zum andern. / Sie nimmt uns alles, doch sie gibt auch
viel zu viel. / Die Liebe ist ein seltsames Spiel.« Diese Zeilen, dazu
eine eingängige Melodie und ein markanter Hammondorgel-Sound,
– all das trug seinen Teil zum Erfolg dieses Songs bei. Vor allem
aber war es die Stimme von Connie, die offensichtlich nicht nur
mich so sehr begeisterte. Eine andere Version, die sogar schon
einige Wochen früher auf dem Markt war, hatte jedenfalls nicht die
geringste Chance: Siw Malmkvist, die unter dem Namen JOLLY-
SISTERS den Titel mit sich selbst im Duett sang, wollte kein Mensch
mit diesem Lied hören. Nein, das Publikum wollte das Original und
nichts anderes. Deutschlands Schlagerszene war um einen
Superstar reicher.

Von da an ging es – nunmehr mit Titeln, die man ihr hier-
zulande auf den Leib schneidern ließ – Schlag auf Schlag: 1961
landete sie mit »Schöner fremder Mann« erneut ganz vorne in den
Charts, es folgten 1962 der Sommer-Strand-und-Sonne-Schlager
»Paradiso« (»Paradiso, unterm Sternenzelt, Paradies am weißen
Strand, / ich komm wieder in die Wunderwelt, / wo ich deine
Liebe fand.«) und »Wenn du gehst«, eine wundervoll-weinerliche

Schnulze, die sie mit tränenerstickter Stimme zum besten gab
(»Wenn du gehst, wenn du gehst, dann ist alles aus, / was so
schön ist, so schön für uns zwei. / Meine Welt bricht zusammen
wie ein Kartenhaus, / wenn du gehst, dann ist alles vorbei«).

1963 dann schließlich erschien die Platte, die für mich der
Höhepunkt von Connies Sangeslaufbahn in Deutschland war:
»Barcarole in der Nacht« – das großartigste und überwältigendste
Lied, das sie vermutlich je gesungen hat. Schon seine ersten Takte,
ein pompöser, vielstimmiger Chor, zogen die Hörer in seinen Bann:
»Barcarole in der Nacht, / du hast viele Tränen mir gebracht ...«
Nach so viel Prunk stockte einem schier der Atem, und man dachte,
jetzt folge etwas Epochales. Aber von wegen: »Du sagst nur Auf
Wiedersehn / und ich sag goodbye. / Doch die Zeit wird weitergehn, / und es blühen die Rosen aufs neu'.« – Nie zuvor hatte jemand solch inhaltsarme Reime derart grandios und souverän dar-
geboten wie Miss Francis. »Barcarole in der Nacht« war ganz einfach Prunk der Meisterklasse! Und daß ihre Songs großes Format
hatten, das bewies einmal mehr die Tatsache, daß ein rhythmisch
neu unterlegter Mix ihrer legendären Sixties-Hits (»Jive Connie, jive«)
Anfang der Neunziger erneut auf Platz 1 der Charts schnellte –
echte Qualitätsware ist eben unvergänglich!

Ein einziges Mal kaufte mir, völlig überraschend, mein
Vater eine Schallplatte. Und das, ohne daß ich ihn zuvor darum
gebeten hatte. Nicht etwa zum Geburtstag oder zu Weihnachten,
sondern einfach so. Ich war völlig verdutzt. Er konnte mit »Schlager-
gedudel« noch nie etwas anfangen, selbst Mutters einstige Leidenschaft für René Carol und Rudi Schuricke hatte er höchstens mit
einem spöttischen Grinsen kommentiert. Was war mit ihm passiert?

Mein Vater war sehr religiös. Er ging regelmäßig zum
Sonntagsgottesdienst und Mutter, mein Bruder und ich mußten
stets mitgehen. Er war ein glühender Verehrer des Papstes und las
regelmäßig das *Konradsblatt*. Außerdem verpaßte er im Fernsehen
selten das »Wort zum Sonntag«. Thema war dort eines schönen
Samstags der Schlager. Es werde, so klärte ein Pfarrer die
Zuschauer auf, jede Menge Schund gehört. Anstand und Moral
würden darunter immer mehr leiden. Aber es gebe zumindest einen
Schlager, der sich diesem Trend entgegenstelle und der die tradi-

tionellen Werte von Liebe und Treue hochhalte. Eben diesen Song ließ er dann in seiner Sendung auch erklingen. Es war ein Titel, der zur deutschen Vorentscheidung des »Grand Prix d'Eurovision« eingereicht worden war, dort allerdings mit Glanz und Gloria durchfiel, »Wir wollen niemals auseinandergehn«, gesungen von Heidi Brühl.

Am Montag nach diesem »Wort zum Sonntag« setzte der große Run auf Deutschlands Schallplattengeschäfte ein. Heidi Brühls Lied schnellte im Nu auf Platz 1 der Hitparade.

Mein Vater war begeistert und voll des Lobes für den geistlichen Herrn. Den Leuten die Lehre der Kirche auf dem Umweg über Heidi Brühl nahezubringen, das fand er derart gewitzt, daß er der ARD einen Brief mit der Bitte schrieb, ihn an den Fernsehpfarrer weiterzuleiten. Wochen später erhielt er tatsächlich Antwort. Absender: Carl Theodor Schultz, Katholisches Pfarramt Kirrweiler, nur wenige Kilometer vor Mannheim in der lauschigen Pfalz gelegen. Er würde, so schrieb der Kirrweiler Theologe, Vati gerne kennenlernen. Mit der Zeit entwickelte sich zwischen den beiden eine rege Freundschaft. Hin und wieder wurde unsere ganze Familie sogar zum Grillen im pfarrämtlichen Garten eingeladen. Das fand ich wahnsinnig toll: Mit diesem Pfarrer ließ sich vortrefflich über Schlager fachsimpeln. Und seine Würstchen schmeckten echt prima.

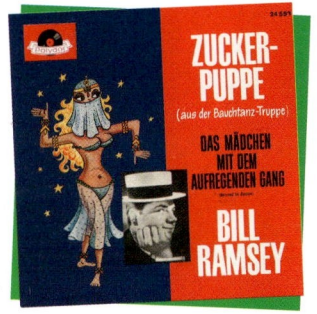

Die Hits von Gus Backus, Gerd Böttcher und Mina, von Rex Gildo, Gitte, Peter Kraus und all den anderen Schlagerstars ließen meine Plattensammlung langsam aber stetig anwachsen. Mit meiner Vorliebe für ihre Musik lag ich in den frühen Sechzigern noch immer voll im Trend. Ein kurzer Blick auf die ersten 20 der *Musikmarkt*-Listen jener Jahre zeigt, daß der deutsche Schlager nach wie vor en vogue war: In den Jahren 1960 bis 1963 fanden sich internationale Titel noch immer nur ganz vereinzelt im Spitzenfeld. 1960 waren es ganze zwei internationale Titel: »Milord«, jenes meisterhafte Chanson der grandiosen Edith Piaf und »It's now or never«, der Titel, mit dem sich der zum Weichspüler mutierte Elvis Presley erstmals auch hierzulande ganz vorne plazierte. Alle anderen Titel stammten von Freddy und Lale Andersen, von Peter Alexander, Lolita oder Heidi Brühl; die crème de la crème der einheimischen Schlagergilde war fast komplett vertreten. Ähnlich

1961: Gus Backus' »alter Häuptling«, Freddys »La Paloma«, Nana Mouskouris »Weiße Rosen aus Athen«, Dalidas »Pepe«, Bill Ramseys »Zuckerpuppe«, Ralf Bendix' »Babysitterboogie« und jede Menge andere Songs made in Germany belegten unangefochten das Spitzenfeld. Noch einmal ein Jahr später, 1962, wurde die Liste zwar von einem internationalen Instrumentaltitel angeführt (»Mexico« von Bob Moore), ansonsten blieb mit Liedern wie Connys »Zwei kleine Italiener«, Rex Gildos »Speedy Gonzales« und Minas »Heißer Sand« alles beim alten. Doch das Jahr 1963 war der Wendepunkt: Zum letzten Mal waren die Stars des deutschen Schlagers fast exklusiv unter sich. Auf Rang 19 plazierte sich einsam Elvis Presley mit »Kiss me quick«, ansonsten bestritten Freddy mit »Junge, komm bald wieder«, Connie Francis mit ihrer »Barcarole in der Nacht«, Gerd Böttcher mit »Für Gaby tu ich alles«, Gitte mit »Ich will 'nen Cowboy als Mann« und zahlreiche andere einheimische Schlagergrößen das Rennen unter ihresgleichen.

»Ein Schlager«, so lautete damals die Devise der deutschen Hitproduzenten, »muß das Publikum mit sieben und das Publikum mit siebzig gleichermaßen ansprechen.« Lange Jahre ging diese Rechnung auf: Das zeigt sich besonders deutlich, vergleicht man die *Musikmarkt*-Liste der meistverkauften Platten mit der in der Zeitschrift *Bravo* alljährlich veröffentlichten Liste der zwanzig Lieblingssongs ihrer Leserinnen und Leser. *Bravo*, in den Sechzigern wie heute Deutschlands größte Zeitschrift für junge Menschen, ermittelt ihre Hitparade durch Leserbefragung. Da Teenager schon damals den Löwenanteil der Leser ausmachten, spiegeln die Hitlisten der *Bravo* folglich vor allem die geschmacklichen Präferenzen junger Menschen wieder.

Bis 1963 glichen sich die Bestsellerliste von *Musikmarkt* und *Bravo* wie ein Ei dem anderen. Ob Rex Gildo oder Connie Francis, ob Gus Backus oder Gitte – ihre Hits gefielen jung und alt gleichermaßen. Das galt sogar für ein Lied wie Freddys »Junge, komm bald wieder«. Wer glaubt, es wären vor allem die Mütter gewesen, deren Söhne zum Bund eingezogen wurden, oder die Großmütter, die den Freddy liebten, weil er fast so schön wie Rudolf Schock sang, der sieht sich getäuscht. Auch die Teens und Twens der Republik setzten dieses Lied zwanzig Wochen lang an

die Spitze der *Bravo*-Hitparade und somit auf Platz 1 der Jahres-
liste. Der Brief einer Mutter, die sich um ihren doch offensichtlich
ausgewachsenen Sohn Sorgen macht und sich grämt, weil er
womöglich keine langen Unterhosen hat – aus heutiger Sicht ist
das schier unfaßbar.

1964 bröckelte die Stellung des deutschen Schlagers
bereits deutlich. Vier junge Männer aus Großbritannien, bei deren
aggressiven Rhythmen die Eltern erschreckt zusammenzuckten
und fassungslos den Untergang der abendländischen Kultur nahe
wähnten, stahlen den bis dato unangefochtenen Publikumslieb-
lingen die Show: Die BEATLES, eine Band, deren Musikstil und
deren Auftreten sich grundlegend von Freddy, Rex Gildo und allen
anderen bisherigen Idolen unterschied. Männer kämmten sich bis
zu diesem Zeitpunkt ihre Haare nach hinten, zogen einen ordentlichen Scheitel und trugen die Ohren frei. Die BEATLES jedoch ließen
ihre Kopfbehaarung wie ein Pilz nach allen Seiten fallen. Heute
mutet ihre Haartracht ausgesprochen brav an, damals aber brachte
sie Eltern und Großeltern völlig aus dem Häuschen. Ähnlich unpas-
send fanden sie die zwar kragenlosen, ansonsten jedoch überaus
korrekten und wohlanständigen grauen Anzüge, die die BEATLES zu
weißem Hemd und Krawatte trugen. Dieses Outfit war für die meisten Väter und Mütter die pure Provokation. Von heute auf morgen
tobte in den Familien ein bis dahin nie gekannter Generations-
konflikt. In der Bundesrepublik hatte sich nach all der dumpfen
Lethargie und wohlanständigen Ruhe der Nachkriegsjahre jede
Menge Renitenz und Trotz angestaut, die eines Ventils bedurften.
Mit Hilfe der BEATLES war es denkbar einfach, Eltern und Großeltern
auf die Palme zu bringen. Eine kurze und beiläufig eingestreute
Bemerkung, man finde sie gar nicht so schlecht, und schon war
die Stimmung jeder Sonntagsnachmittagsfamilienkaffeetafel auf
dem Gefrierpunkt. Und ein mit BEATLES-Poster vollgekleistertes
Jugendzimmer im elterlichen Eigenheim oder das Erzeugen von
»Krach« in Form des wiederholten Abspielens von »She loves you«
wurde als Schändung oder Mißachtung der Früchte jahrelangen
Abrackerns empfunden.

Die Musik der vier aus Liverpool stammenden Jugendidole
schwappte über good old Germany, und eine ganze Generation

stürmte mit. Ein neues musikalisches Genre war geboren und machte der traditionellen Schlagermusik Konkurrenz: Der Beat.

Diese Entwicklung spiegelt sich in den Jahreshitparaden von 1964 wieder: In der Verkaufsbestsellerliste des *Musikmarkt* fanden sich an vorderer Stelle wie stets deutschsprachige Schlager traditioneller Machart. An der Spitze rangierte Siw Malmkvist mit »Liebeskummer lohnt sich nicht«, dahinter, auf Rang 2, der superbrave Bernd Spier mit »Das kannst du mir nicht verbieten« und auf Rang 3 ein etwas rundlicher älterer Herr namens Ronny mit dem Westernsong »Oh my Darling Caroline«. Alles in allem standen unter den ersten zwanzig Titeln, in bewährter Manier, sechzehn einheimische vier internationalen gegenüber. Ganz anders hingegen die Favoriten der *Bravo*-Leser: Bei ihnen plazierten sich jede Menge internationale Titel im Spitzenfeld: Roy Orbison mit »Pretty Woman«, Manfred Mann mit »Do wah diddy diddy«, Millie mit »My boy Lollipop« sowie ganze sechsmal die BEATLES mit »A hard days night«, »I want to hold your hand«, »She loves you«, »I should have known better«, »Twist and Shout« und »Skinny Minny«, einem Titel, den sie bereits einige Jahre zuvor, als noch kein Hahn nach den späteren Weltstars krähte, zusammen mit Tony Sheridan aufgenommen hatten.

Ähnlich 1965: Der von Nino Rossis Trompetensolo »Il Silenzio« angeführten *Musikmarkt*-Liste standen in *Bravo* die BEATLES auf Platz 1 mit »Rock 'n' Roll music« und auf Platz 2 mit »Help« gegenüber, gefolgt auf Platz 3 von den ROLLING STONES mit »Satisfaction«. 1966 und 1967 endlich verwiesen dann Beatbegeisterung und die Kaufkraft der Jungen die deutschsprachigen Songs auch im *Musikmarkt* auf die hinteren Plätze. Hier wie da wurden Songs wie »Monday Monday« von den MAMAS AND PAPAS oder »Yesterday man« von Chris Andrews als Spitzenreiter notiert. Seither ist die deutsche Verkaufshitparade von internationalen Titeln dominiert, für die einzige Ausnahme sollte 1982 die Neue Deutsche Welle sorgen.

Gab es in Deutschland in den sechziger Jahren keine Autoren und Interpreten, die den Nerv der Beatfans trafen? – Es gab sie. Es gab erfolgreiche Beatgruppen wie die RATTLES und die LORDS und zahlreiche andere mehr. Doch knapp zwanzig Jahre nach Kriegsende war es offensichtlich noch immer nicht möglich, ihr neu aufkeimendes Lebensgefühl in einer Sprache auszudrücken, der sich einst braune Horden mit ihrem »Flamme empor«-Gegröhle so dreist bemächtigt hatten. Und so galt für diese Gruppen ein ungeschriebenes Gesetz: Wer von ihnen ernst genommen werden wollte, der scheute die deutsche Sprache wie der Teufel das Weihwasser und sang seine Lieder in englisch. Deutsche Texte waren in der Beat-Ära *out*.

Folgerichtig erlitten fast alle Schlagergrößen, die in den Jahren zuvor noch so triumphale Erfolge feiern konnten, einen herben Karriereknick. Connie Francis, bis 1963 mit sämtlichen Titeln auf Erfolg abonniert, verschwand von heute auf morgen in der Versenkung. Auch Peter Kraus und Conny spielten in den Bestsellerlisten keine nennenswerte Rolle mehr. Ebenso still wurde es um Rex Gildo. (Ihm allerdings sollte in den Siebzigern mit »Fiesta mexicana« noch einmal ein glorreiches Comeback gelingen.) Caterina Valente war als Fernsehstar und als Entertainerin zwar gefragt wie eh und je, Schlagererfolge konnte hingegen auch sie keine mehr verbuchen. Bill Ramsey, Gus Backus, Gerd Böttcher, Mina, Nana Mouskouri, Siw Malmkvist – von ihnen allen war fast über Nacht kaum noch etwas zu hören.

In jenen Tagen saßen auf den wichtigsten Stühlen aller Schallplattenfirmen fast ausschließlich die alten Hasen des Musikgeschäfts, unter ihnen viele, die sich schon in der Nazi-Ära bewährt hatten. Die neuen Trends junger Leute vermochten sie nicht nachzuvollziehen. Eine seltene Ausnahme war der Berliner Produzent Peter Meisel. Ihm gelang es, mit Manuela und Drafi Deutscher zwei Interpreten aufzubauen, die jugendliche Beatfans und überwiegend ältere Freunde traditioneller Schlagermusik zumindest zeitweise miteinander versöhnten.

Ich erinnere mich noch genau, wie ich am Radio zum ersten Mal Manuelas erste Schallplatte, die »Hula-Serenade« hörte: »Sing die Hula-Serenade, sing die Hula-Melodie. / Kleines Mädchen am Gestade, sei nicht traurig, Suralie ...«. Ich war begeistert. Die Stimme, mit der dieses Lied in amerikanischem Akzent und leicht weinerlichem Tonfall vorgetragen wurde, erinnerte mich zunächst an Connie Francis, besaß aber durchaus, vor allem durch

53

ein göttlich rollendes »r« (»sei nicht trrrraurig, Surrralie ...«) eine ganz eigene Note. Leider plazierte sich der Titel in keiner Hitliste, nur sehr wenige Leute schienen meine Liebe zu Manuela zu teilen. Das jedoch sollte sich schon sehr bald ändern: Mit ihrer zweiten Platte, »Schuld war nur der Bossa Nova«, gelang ihr der Durchbruch: Dieses Lied erzählte von einem jungen Mädchen namens Jane, das von ihrer Mutter dabei ertappt wurde, daß sie die Nacht nicht in der elterlichen Wohnung, sondern sonstwo zugebracht hatte: »Als die kleine Jane grade 18 war, / führte sie der Jim in die Dancing-Bar. / Und am nächsten Tag fragte die Mama: / Kind, warum warst Du erst heut' morgen da?« Und dann kams: Jane, die immerhin auf frischer Tat ertappt worden war, fiel keine bessere Ausrede ein als: »Schuld war nur der Bossa Nova, / was kann ich dafür?« Irgendwie fand ich das ziemlich dämlich, aber sei's drum. Mir gefiel eh die Rückseite der Platte viel besser: »Kleines Herz hat großes Heim-weh, / kleines Herz ist so allein. / Keine Straße führt nach Hause, / kleines Herz muß einsam sein.« Diesen anrührenden Zeilen lauschte ich stundenlang und gab mich so der unendlichen Trauer hin, die mich mit Manuela und mit ihrem Liedchen verband. Wirklich, meine Liebe zu ihr muß sehr ausgeprägt gewesen sein. Was sonst hätte mich dazu bewegen können, diese ausnehmend banalen Reime freiwillig über Stunden zu ertragen?

Franzosen oder Engländer empfinden einen ausländisch klingenden Akzent oft als Verhunzung ihrer Sprache. Anders die Deutschen: Vor allem amerikanisch eingefärbter Tonfall wurde, zu-mindest in den Sixties, als allerletzter Schrei empfunden. Manuela bediente diesen Hang zum Kauderwelsch nach Kräften: Aus »gefan-gen« wurde bei ihr »gefan-gen« und aus »Großstadt« »Grous-stadt«, was »vorbei« war, das war bei Manuela »vor-bye« und nicht »lange«, sondern »lan-ge« her. Für Sprachästheten mußte das so etwas wie eine Vergewaltigung sein. Das Publikum, mich eingeschlossen, fand es todschick und sorgte dafür, daß Manuela über fast ein Jahrzehnt hinweg aus der bundesdeutschen Hitparade nicht mehr wegzudenken war: »In meinem Kalender«, »Schwimmen lernt man im See« und »Schneemann« (alle 1964), das dem Detroit-Sound der Supremes nachempfundene »Küsse unterm Regenbogen« (1965), das bei Chris Andrews und seinem »Yesterday man« ab-

gekupferte »Es ist zum Weinen« (1966), »Lord Leicester aus
Manchester« und »Monsieur Dupont« (beide 1967), »Guanta-
namera« (1968) und »Prost, Onkel Albert!« (1971) – die Liste ihrer
Superhits ist schier endlos.

      Mit Drafi Deutscher entdeckte Peter Meisel den gebore-
nen Anti-Star. Er wuchs in einem Heim auf, lebte seit seinem
14. Geburtstag in einem Obdachlosengebiet und hielt sich mit
Gelegenheitsarbeiten über Wasser. »Shake hands«, seine dritte
Schallplatte, wurde 1964 zum ersten originär deutschen Beathit der
deutschen Schlagergeschichte: »Shake hands, shake hands, Dein
Herz liebt einen andern. / Shake hands, shake hands, drum gebe
ich Dich frei. / Shake hands, shake hands, mein Herz muß weiter-
wandern. / Shake hands, shake hands, auf Wiedersehn, good bye.«
Drafis markante, aufsässig und selbstbewußt klingende Stimme
verlieh dem Titel eine Glaubwürdigkeit, wie sie damals kein anderer deutschsprachiger Interpret zu vermitteln vermochte. Bei ihm
paarte sich renitenter Ungehorsam mit dem Talent eines Vollblut-
Musikers, und so war er geradezu dazu geboren, Deutschlands

Teenager-Star der rebellischen Sechziger zu werden. Seinen größten Coup landete er 1965 mit »Marmor, Stein und Eisen bricht«, jenem Song, für den sich noch heute NDW-Partys feiernde Teenager ebenso erwärmen wie bierselige Stammtischbrüder. »Weine nicht, wenn der Regen fällt, /damm damm, damm damm, / es gibt einen, der zu dir hält, damm damm, damm damm ...« – das ist der Stoff, aus dem Jahrhundertschlager geschneidert sind.

Außer Manuela und Drafi Deutscher schickte Peter Meisel noch eine weitere Interpretin ins Rennen: Marion. Neben Joy Fleming ist sie die am meisten unterschätzte deutsche Sängerin. Sie hatte 1965 einen durchschlagenden Hit: »Er ist wieder da«, eine melancholische Teenager-Ballade, die von einer unglücklichen Liebe erzählt: »Er ist wieder da, wieder hier. / Doch er läutet nicht an meiner Tür. / Alle Leute in der Stadt haben ihn gesehn. / Er ist wieder da, was ist nur geschehn?« So schwermütig diese Romanze auch klang, entsprach sie doch nicht dem Klischee der »Schnulze«. »Er ist wieder da« war ein Glücksfall, auf dieser Platte vereinten sich eine zündende Melodie, ein glaubhafter Text und eine ausdrucksvolle, authentische Stimme. Es schien, als sei mit diesem Lied ein neuer Star geboren und Marion könne zu einer Art deutscher Françoise Hardy avancieren. Doch es kam anders. Die Folgeplatte »Wie soll es weitergehn?« wurde ein Flop: »Wie soll es weitergehn, wenn wir uns niemals im Leben mehr wiedersehn?« Die x-tausendste Variante des Konfliktes vom Typ »Meine Eltern verstehen mich nicht« vermochte das junge, von englischen Beatsongs verwöhnte Publikum nicht mehr zu überzeugen. Nun waren englischsprachige Texte natürlich nicht unbedingt eo ipso besser als deutsche, sie hatten aber den großen Vorteil, daß man sie meist nicht so genau verstand. Zeilen wie Herman Hermits »No milk today, my love is gone away« hätten in der Übersetzung gewiß so manches Naserümpfen provoziert. Aber alle nicht in deutscher Sprache gesungenen Songs hatten seinerzeit eben einen Bonus.

      Auch mit ihren weiteren Platten hatte Marion kein Glück mehr. Selbst »Ich hab einen guten Freund gehabt«, für meinen Geschmack ein wirklich exzellenter Titel, landete nur im Mittelfeld der Charts. Über Jahre versuchte sie, nun unter dem Namen

Marion Maerz, an ihren anfänglichen Erfolg anzuknüpfen. Nicht immer war sie gut beraten: Eine Zeitlang ließ sie sich als eine Art zweite Vicky Leandros vermarkten, nahm folkloristisch angehauchte Null-acht-fünfzehn-Schlager im Bouzouki-Sound auf und verkaufte sich, alles in allem, reichlich unter Wert. Aus dieser Phase stammt indes eine Single von Marion, die zu meinen absoluten Lieblingsliedern gehört: »Lago Maggiore im Schnee«, eine wunderschöne und absolut gefühlvolle Ballade. Bei diesem Titel fanden sich ein Lied und eine Stimme. Jeder Ton scheint Marion haargenau auf den Leib geschrieben worden zu sein und jeder Schluchzer sitzt wie angegossen: »Lago Maggiore im Schnee. / Einsame Uferallee. / Letzte Spuren vergangener Zeit. / Bald sind sie ganz zugeschneit ...«, das ist ein definitiver Höhepunkt deutschen Schlagerschaffens, und es ist mir völlig unverständlich, wieso dieses Lied nie ein Hit wurde.

Neben den Songs von Manuela und Drafi Deutscher und Ausnahmeerscheinungen wie Marions »Er ist wieder da« gab es nur noch vereinzelte beat-inspirierte Titel, die sich gegen die übermächtige Konkurrenz aus dem angloamerikanischen Raum behaupten konnten. 1967 etwa gelang dem aus Italien stammenden Ricky Shayne mit »Ich sprenge alle Ketten / und sage nein, nein, nein, nein, nein ...« ein Song, den man auf Partys herrlich mitgrölen konnte. Ähnlich toll war »Memphis Tennessee« von Bernd Spier aus dem Jahre 1964. Bernd war eigentlich ein eher spießiger Typ und vor allem auf seichte Sachen spezialisiert wie »Das war mein schönster Tanz mit dir«, ein Liedchen, das mit so dämlichen Zeilen begann wie »Leise gehn im Saal die Lichter aus ...« Dennoch: »Memphis Tennessee«, jener Uralt-Fetzer von Chuck Berry, klang in seiner Version echt Spitze.

Als ausgemachter Party-Renner entpuppte sich indes ausgerechnet ein klassischer Stehblues: »Monja« war ein Titel der CRY'N STRINGS, einer Tanzkapelle aus dem pfälzischen Hauenstein, die wochenends in kleinen Bars und Diskotheken, auf Hochzeiten und auf der Kirchweih musizierte. Anfangs spielten sie vor allem aktuelle Tagesschlager von Freddy und Fred Bertelmann, mit den Jahren allerdings mauserten sie sich mehr und mehr zu einer für die sechziger Jahre typischen Beat-Formation. 1962 fiel ihnen eines

Abends beim Herumklimpern auf der Gitarre eine kleine Melodie ein, die sich schnell in ihren Ohren festsetzte. Was keiner ahnen konnte, an diesem Abend wurde ein Welthit geboren. »Monja« ist eine geniale, aus drei Akkorden bestehende Tonfolge mit einem einzig aus dem Wort »Monja« bestehenden Chorgesang sowie ein paar Takten innig dahingehauchtem Sprechgesang: »In meinem Herzen ist nur Platz für einen Namen, ein Wort: Monja. Meine Gedanken, ja, mein ganzes Leben, schenke ich Dir und will Dich lieben: Monja.«

Der so beiläufig kreierte Song diente der Gruppe fortan als »Nahkampf-Stehblues«, mit dem sie ihre Konzerte ausklingen ließ. Erst Jahre später, 1966, entdeckte Gerhard Jäger, der Kopf der Gruppe, in einer Zeitschrift die Anzeige einer kleinen Platten-firma namens KERSTON: »1000 Platten pressen lassen» hieß es da, und er entschloß sich, auf eigene Faust eine »Monja«-Aufnahme machen zu lassen. Fortan boten sie die Scheibe im Anschluß an ihre Konzerte zum Verkauf an. Ein weiteres Jahr verging, da nahm die Europawelle Saar Notiz von »Monja« und präsentierte den Song in ihrem Programm. Die Resonanz war überwältigend. Mit einmal setzte ein Run auf die Plattenläden ein. Der noch verfügbare Restbestand der tausend Pressungen war über Nacht an den Mann und an die Frau gebracht, und Deutschlands Plattenmarkt war ausgerechnet jetzt, da die Nachfrage einsetzte, zur »Monja»-freien Zone geworden. Den CRY'N STRINGS, vom plötzlichen Erfolg überrascht, fehlten die finanziellen Mittel, um schnell neue Platten pressen zu lassen. Das blieb der Konkurrenz nicht verborgen. Ein anderes Label (CORNET) warf kurzentschlossen eine eigene Auf-nahme auf den Markt. Der Sänger dieser neuen Aufnahme, der als Roland W. firmierte, hieß Roland Wächtler. Dank der eingespielten Vertriebswege von CORNET war »Monja« nun plötzlich in sämtlichen Verkaufsstellen der Republik präsent – wenn auch nicht im Original. Die Fans, die den Song verlangten, erhielten die Kopie, die sich binnen kurzem zu einer der meistverkauften deutschsprachigen Platten der sechziger Jahre entwickelte. Das (musikalisch übrigens weit reizvollere) Original der CRY'N STRINGS hingegen war erst mit enormer zeitlicher Verzögerung wieder erhältlich, nachdem das KERSTON-Label ihre Platte von der Firma VOGUE vertreiben ließ.

Damit ist aber nur die erste Hälfte der Erfolgsstory dieses Liedes erzählt: Das Saarland und die Pfalz liegen an der Grenze zu Frankreich, und so schwappte »Monja« zu unseren westlichen Nachbarn. Eine von Roland W. aufgenommene französische Version wurde zwar zunächst ein Flop, statt dessen flüsterten dann aber Michel Cogoni und Peter Holm in unverfälschtem Französisch zum »Monja«- Backgroundchor die betörenden Zeilen »Monja, je t'aime, je t'aime, je t'aime, Monja ...« Sie landeten damit den großen Coup: Der Titel wurde einer der ganz großen französischen Hits des Jahres 1968. »Monja« zählt damit neben Camillo Felgens »Frag warum«, einem Schlager, der in Frankreich unvergleichlich erfolgreicher war als hierzulande, zu den einzigen aus Deutschland stammenden Millionenerfolgen in Frankreich. Beide Male handelt es sich um im Sprechgesang vorgetragene Titel und ich frage mich, wieso sich die Franzosen gerade für diese Art von Pop-Song made in Germany so begeisterten.

Von Frankreich aus gelang »Monja« über die Alpen: Die eher schwülstige Melodienfolge war scheinbar geradezu prädestiniert dazu, im musikalisch überschwenglichen Italien die Herzen der Fans zu erobern. Die Gruppe THE COMMUNICATIVES flüsterte zum Soundtrack des Megahits hingebungsvoll: »C'è solo un posto nel mio cuore, solo un nome, ti amo, ti amo, ti amo ...« und bescherte der guten alten »Monja« damit ein weiteres Mal steigende Verkaufszahlen. Der Titel ist südlich der Alpen noch heute ein erklärter Kult-Song.

So ungewöhnlich es war, daß ein deutscher Song in Frankreich zu Hit-Ehren gelangte, so alltäglich war in der zweiten Hälfte der sechziger Jahre der umgekehrte Weg: Dank des von De Gaulle und Adenauer systematisch geförderten Jugendaustauschs zwischen Deutschland und Frankreich konnten immer mehr deutsche Jugendliche mit den Hits ihrer westlichen Nachbarn Bekanntschaft schließen. Junge Franzosen, so stellten sie fest, verehrten nicht nur die BEATLES und die STONES, sondern schufen darüber hinaus einen Musikstil, in dem sich Elemente des Beats mit denen des traditionellen Chansons verbanden. Zahlreiche Stars aus Frankreich fanden so in der Folgezeit auch in Deutschland viele Anhänger. So etwa Françoise Hardy, eine meisterhafte Interpretin

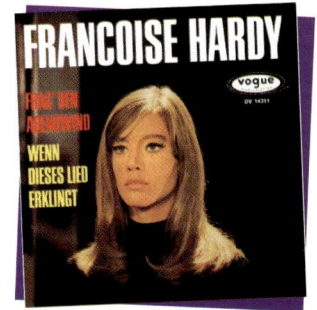

melodiöser und feinfühliger Balladen. Sie feierte ihren größten in
französischer Sprache gesungenen Erfolg 1963 mit dem Titel
»Tous les garçons et les filles«, den sie später als »Peter und Lou«
auch in deutscher Sprache aufnahm. Zu ihrem populärsten
deutschsprachigen Hit wurde 1965 »Frag den Abendwind«. Ähnlich Adamo: Er wurde in Deutschland vor allem durch den Titel
»Une mèche de cheveux« bekannt, die ebenfalls von ihm gesungene deutsche Fassung nannte sich »Eine Locke von deinem
Haar«. 1969 gelang ihm mit »Es geht eine Träne auf Reisen« sein
erfolgreichster deutschsprachiger Titel. Und mit Interpreten wie
France Gall (»Poupée de cire, poupée de son«, 1965, deutsch als
»Das war eine schöne Party«), Hervé Vilard (»Capri, c' est fini«,
1965, unter demselben Titel auch in deutsch veröffentlicht) und vielen anderen kamen noch jede Menge weiterer Stars aus Frankreich
zu bundesdeutschen Hit-Ehren. Der in der BRD vermutlich populär-
ste Star aus Frankreich war Michel Polnareff, Autor und Interpret
von »Love me, please, love me« und »La poupée qui fait non«, dessen deutsche Fassung zu »Meine Puppe sagt nein« mutierte.

Der erste deutschsprachige Interpret, der sich in seinen Liedern
stark vom Stil seiner französischen Kollegen inspirieren ließ, war der
Österreicher Udo Jürgens. Er konnte sich in Deutschland zunächst
nur sehr, sehr langsam durchsetzen. Bereits 1960 stieß er mit seinem Titel »Jenny« in mehreren europäischen Ländern an die Spitze
der Charts, in der deutschen Hitparade hingegen reichte es gerade
für Platz 36. Im Ausland avancierte er daraufhin zu einem begehrten
Songschreiber, der seine Talente bei Stars wie Shirley Bassey
beweisen durfte, für die er den Bestseller »Reach for the stars«
schrieb. Der nächste große Erfolg für Udo kam 1964: Mit seiner
Eigenkomposition »Warum nur, warum« ersang er sich beim Grand
Prix d' Eurovision Platz 5, die englische Version von Matt Monro
wurde ein Millionenseller, in den deutschen Charts hingegen reichte
es einmal mehr nur für eine Plazierung im Mittelfeld. 1965 endlich
gelang Udo, dessen Songs bei internationalen Stars wie Sarah
Vaughan, Sacha Distel, Caterina Valente und Brenda Lee mittlerweile heiß begehrt waren, endlich mit »Merci Cherie«, dem öster-
reichischen Siegertitel des Grand Prix '65, und mit »17 Jahr, blon-

des Haar« auch hierzulande der Durchbruch. Von da an berei-
cherte er die deutsche Schlagerlandschaft mit mitreißenden
Songs. Allen voran sein Titel »Es wird Nacht, Senorita« zählt mit
zum Besten, was in den Sixties an deutschsprachigen Liedern veröffentlicht wurde: »Es wird Nacht, Senorita, / und ich hab kein
Quartier. / Nimm mich mit in dein Bettchen, / ich will gar nichts von
dir ...«, das war eine witzige und sinnesfroh erzählte Story, musikalisch spannend verpackt und wirklich faszinierend in Szene ge-
setzt. So peinlich etliche Titel waren, die Jürgens später auf Schallplatte pressen ließ – in seinen frühen Jahren war er schlicht und
einfach souverän!

     Ebenfalls dem chansonhaften Schlager hatte sich die aus
Litauen stammende Wahldeutsche Alexandra verschrieben. Ihre
unverwechselbare dunkle und kehlige Stimme und ihre melancholischen Songs wurden von vielen Fans glühend geliebt. Besonders
»Zigeunerjunge«, »Sehnsucht« und »Mein Freund, der Baum« erfreuten sich großer Beliebtheit. Sie wurde unisono als das weibliche
Pendant zu Udo Jürgens gefeiert. Ihre Sangeskarriere endete leider
früh; durch einen tödlichen Autounfall.

     Udo Jürgens' und Alexandras Songs fanden sich Ende
der Sechziger nicht nur in der Single-Hitparade, sie qualifizierten
sich darüber hinaus auch in einer neu hinzugekommenen zweiten
Liste: Seit 1964 präsentierte der *Musikmarkt* zusätzlich zur Auf-
stellung der meistverkauften Singles regelmäßig die Hitparade der
meistverkauften Langspielplatten. LPs waren damals noch außerordentlich teuer. Sie kosteten in der Regel 22 DM – das wären
heute umgerechnet mehr als 50 DM. Die Plattenfirmen wandten
sich mit ihren »Dreiunddreißiger«-Scheiben zunächst weniger an
junge Leute, als an reifere, bereits im Berufsleben stehende
Käuferschichten. Dementsprechend fanden sich in der LP-Best-
sellerliste anfangs vor allem Mitschnitte von Musicals wie »My fair
Lady«, volkstümliche Melodien von Ernst Mosch und seinen
ORIGINAL EGERLÄNDERN, Sprechplatten wie die »Stegreifgeschichten« Jürgen von Mangers, Frivolitäten wie Helen Vitas »Chansons
aus dem alten Frankreich« oder Tanzschallplatten für die reifere
Generation wie »In der Bar nebenan« von Fritz Schulz Reichel.

     1960 standen 51 Millionen verkaufter Singles 10 Millionen

Langspielplatten gegenüber. Allmählich jedoch verschoben sich die Umsatzzahlen immer mehr zugunsten der LP. 1969 hielten sich Single- und LP-Umsatz erstmals die Waage, 1970 schließlich überrundeten die 33er erstmals die 45er. Stars wie Udo Jürgens und Alexandra hatten mit ihren Alben maßgeblich dazu beigetragen, den Verkauf von Langspielplatten anzukurbeln.

Im Zuge der Entdeckung des Chansons in Deutschland fand auch Hildegard Knef begeisterte Fans. Mit ihren teils heiteren, teils melancholischen, mitunter leicht spöttischen, oft sarkastischen, immer jedoch grandiosen Liedern wie »Eins und eins, das macht zwei«, »Es war beim Ball paré« oder »Von nun an gings bergab« kreierte sie einen Stil, der noch heute als Gradmesser für gekonnt gemachte Chanson-Kunst gilt. Und Esther und Abi Ofarim schließlich, ein aus Israel stammendes Pärchen, servierte neben internationalen Folklore-Titeln ebenfalls eine Reihe intelligenter und überaus origineller deutschsprachiger Songs. Mit Liedern wie »Noch einen Tanz«, »Die Fahrt ins Heu« oder »Schönes Mädchen« wurden die beiden auf Tourneen ähnlich begeistert gefeiert wie Udo Jürgens und Hildegard Knef.

Mit den Anhängern von Udo Jürgens, Alexandra, Hildegard Knef und den Ofarims kristallisierte sich in der Bundesrepublik der späten Sechziger eine neue Gruppe von Musikhörern heraus: Leute, die dem Teenageralter bereits entwachsen waren, deshalb aber noch lange nicht Ernst Mosch und Peter Alexander bevorzugten. Die Veränderung der Hörgewohnheiten machte nicht mehr länger vor Menschen jenseits des Teenageralters halt.

Die Teenagerlieblinge Manuela und Drafi, Marions kurzes Gastspiel in den Charts, die zu internationalem Ruhm gelangte »Monja« und die Lieder von Udo Jürgens, Alexandra, Hildegard Knef und den Ofarims – damit ist, abgesehen von einer noch fast ausschließlich im verborgenen blühenden Liedermacherszene, auf die ich noch zu sprechen kommen werde, alles, aber auch wirklich alles erwähnt, was an deutschsprachigen Songs in der zweiten Hälfte der Sixties auch nur halbwegs interessant war.

Gegen Ende der sechziger Jahre nahm der kulturelle Wandel, der 1964 mit der Begeisterung für die BEATLES eingesetzt hatte, mehr und mehr politische Konturen an. Das Auflehnen der

Jungen gegen das Establishment wurde im Zuge der Studen-
tenrevolte konkreter, und infolge dieser Entwicklung erfreuten sich
Stars wie Joan Baez, Bob Dylan und Donovan immer größerer
Beliebtheit. Unter den deutschen Schlagermachern breitete sich
zunehmend Panik aus. Irgendwie, so dachten sie sich, muß es
doch möglich sein, die Generation der Beatnicks und Protestler
wenigstens teilweise wieder für den einheimischen Markt zu gewinnen. Der Not gehorchend, versuchten die alten Herren auf den
fahrenden Zug aufzuspringen. Gerhard Mendelsohn etwa, dem es
in den Fünfzigern mit seinen Zöglingen Peter Kraus und Ted Herold
so souverän gelungen war, die Rock 'n' Roll-Begeisterung junger
Menschen kommerziell zu verwerten, setzte nunmehr auf eine
junge Münchener Musikstudentin mit Namen Dominique, die er
als Proteststar made in Germany aufzubauen versuchte. Er ließ für
sie Donovans pazifistischen »Universal Soldier« eindeutschen und
brachte den Song als »Der ewige Soldat« auf den Markt. Resonanz:
keine. Die angepeilte Zielgruppe hielt sich lieber an das englische
Original. Er schickte seinen neuen Zögling, der sich nach eigener
Auskunft »für Politik nie sonderlich interessierte«, gagenfrei zu
Veranstaltungen der Ostermarschierer. Doch auch das war umsonst. Kein Mensch wollte Dominique hören, geschweige denn
eine ihrer Platten kaufen. Gerhard Mendelsohn mußte erkennen,
daß sich, anders als in den Fünfzigern, unter jungen Leuten ein tief-
greifender Wertewandel vollzog, der sich nicht mehr so ohne
weiteres kommerziell ausschlachten ließ. John Lennon und Mick
Jagger, Bob Dylan und Joan Baez, die neuen Jugendidole, waren
mehr als nur ein Rädchen in einer gut geschmierten Maschinerie
und bedurften nicht länger der patriarchalen Fürsorge der Herren
Mendelsohn und Co. Die protestbewegte Jugend der späten
sechziger Jahre pfiff auf die Maxime ihrer Väter und Großväter
und schuf sich statt dessen lieber ihren eigenen Lebensstil, ihre
eigene Mode, ihre eigenen Idole und ihre eigenen musikalischen
Ausdrucksformen.

Dank dieser späten Erkenntnis verkniff sich die alte Pro-
duzentenriege mit der Zeit jedwede Versuche, sich dem jugendlichen
Publikum noch weiter anzubiedern. Statt dessen setzten sie mehr
und mehr auf konservative, überwiegend ältere Hörerschichten.

Roy Black mit seinen aseptischen Gesängen à la »Du bist nicht allein« und »Ganz in weiß« wurde zu ihrer Galionsfigur. Er war einer der wenigen, der sich in den bewegten Spätsechzigern noch brav dem Willen seiner Produzenten beugte und seine Liebe zum Rock 'n' Roll der Schnulze opferte. Immerhin ersang er sich mit seinen zahlreichen mit Gold und Platin ausgezeichneten Songs jede Menge treuer Fans aller Altersstufen. Roy Black avancierte zum von Müttern, Großmüttern und Töchtern gleichermaßen heißgeliebten Idol – ein Status, der in den späten Sechzigern keinem anderen deutschsprachigen Interpreten vergönnt war.

Lieder wie Dorthes »Sind Sie der Graf von Luxemburg?« dagegen stießen bei jugendlichen Hörern nur auf wenig Interesse und wurden wohl vor allem von den Leserinnen der *Frau im Spiegel* geschätzt, deren vornehmliches Interesse Gunter Sachs und weiteren gutsituierten Industriellensöhnen galt. Ähnlich verfuhr Peter Alexander. Er glättete internationale Hits und paßte sie den Hörgewohnheiten deutscher Schlagerfreunde an. Der Titel »Delilah« des britischen Sex-Symbols Tom Jones etwa, im Original ein tödlich endendes Opus voller Gewalt und Leidenschaft, mutierte bei ihm zu einem saft- und kraftlosen Allerweltssong.

Ein zwölfjähriger Kinderstar aus Holland mit Namen Heintje war es, der gegen Ende der Sechziger die meisten Schallplatten verkaufte. Er plärrte Hardcore-Schnulzen wie »Mama« oder »Ich bau dir ein Schloß« und versuchte so die Bevölkerungsgruppen zu beschwichtigen, die angesichts von APO und Kommune 1 die Welt nicht mehr verstanden.

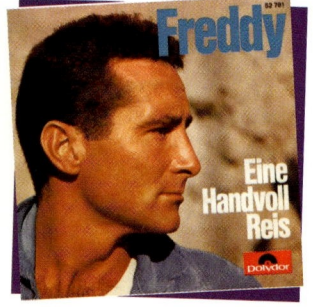

Last not least entschied sich dann selbst der gute alte Freddy gegen die Hippies und für die Spießer und schwang sich zu Zeilen auf wie: »Wer will nicht mit Gammlern verwechselt werden? – Wir! / Wer sorgt sich um den Frieden auf Erden? – Wir! / Ihr lungert herum in Parks und in Gassen. / Wer kann Eure sinnlose Faulheit nur hassen? Wir! Wir! Wir!«

Mit solcherlei Textzeilen war die Stoßrichtung klar vorgegeben: Der deutsche Schlager, der zu Beginn des Jahrzehnts noch in voller Blüte stand und unzählige fröhliche und traurige, witzige und melancholische, teils banale aber teils auch grandiose Gassenhauer hervorgebracht hatte, er war am Ende der sechziger Jahre

verkommen zum Medium der »schweigenden Mehrheit«. Beim
Übergang zu den siebziger Jahren gesellte sich zu den Protagonisten des deutschen Liedgutes schließlich noch ein schwarz-
bebrilltes Urgestein mit ordentlich gescheiteltem blonden Haar-
schopf und sang von »treuen Bergvagabunden«. Schlimmer
konnte es eigentlich nicht mehr kommen.

Deutsche Hits
Deutschsprachige Titel unter den 20 meistverkauften Schallplatten

Rocco Granata / Will Brandes: Marina 1

Jan und Kjeld: Banjo Boy 2

Freddy: Unter fremden Sternen 3

Lale Andersen: Ein Schiff wird kommen 4

Lolita: Seemann 5

Heidi Brühl: Wir wollen niemals auseinandergehn 7

Freddy: Melodie der Nacht 8

René Carol: Kein Land kann schöner sein 9

Vilco Torriani: Kalkutta liegt am Ganges 10

Connie Francis: Die Liebe ist ein seltsames Spiel 12

Hellberg-Duo: Hohe Tannen 13

Leo Leandros: Mustafa 14

Peter Kraus: Va Bene

Jimmy Makulis: Gitarren klingen leise durch die Nacht 16

Mainzer Hofsänger: So ein Tag, so wunderschön wie heute 17

Ted Herold: Moonlight 18

Club Honolulu: Itsy Bitsy Teenie Weenie 19

Peter Alexander: Ich zähle täglich meine Sorgen 20

Deutsche Hits
Deutschsprachige Titel unter den 20 meistverkauften Schallplatten

Ralf Bendix: Babysitter-Boogie 1

Gus Backus: Da sprach der alte Häuptling 3

Nana Mouskouri: Weiße Rosen aus Athen 4

Blue Diamonds: Ramona 5

Lale Andersen: Ein Schiff wird kommen 6

Freddy: La Paloma 7

Jan und Kjeld: Hello, Mary-Lou 8

Ivo Robic: Mit 17 fängt das Leben erst an 10

Gerhard Wendland: Tanze mit mir in den Morgen 11

Connie Francis: Schöner fremder Mann 12

Bill Ramsey: Zuckerpuppe 13

Gus Backus: Der Mann im Mond 15

Dalida: Pepe 16

Peter Alexander: Bist du einsam heut nacht? 17

Hellberg Duo: Drei weiße Birken 18
Der Flotte Franz: So leben wir 19
Conny: Midi Midinette 20

1962

Deutsche Hits
Deutschsprachige Titel unter den 20 meistverkauften Schallplatten

Rex Gildo: Speedy Gonzales 2
Mina: Heißer Sand 3
Conny: Zwei kleine Italiener 4
Nana Mouskouri: Ich schau den weißen Wolken nach 5
Peter Kraus: Schwarze Rose Rosemarie 6
Caterina und Silvio: Peppermint Twist 7
Freddy: Alo Ahe 8
Gus Backus: Sauerkraut-Polka 10
Carmela Corren: Eine Rose aus Santa Monica 12
Gerd Böttcher: Geld wie Heu 13
Peter Hinnen: Auf meiner Ranch bin ich König 14
Gerhard Wendland: Schläfst du schon? 15
Petula Clarc: Monsieur 16
Nana Mouskouri: Am Horizont irgendwo 17
Günter Kallmann-Chor: Elisabeth-Serenade 18
Caterina und Silvio: Quando quando 19
Peppino di Capri: St. Tropez Twist 20

1963

Deutsche Hits
Deutschsprachige Titel unter den 20 meistverkauften Schallplatten

Freddy: Junge, komm bald wieder 1
Manuela: Schuld war nur der Bossa Nova 2
Billy Mo: Ich kauf mir lieber einen Tirolerhut 3
Connie Francis: Barcarole in der Nacht 4
Gitte: Ich will 'nen Cowboy als Mann 5
Renate und Werner Leismann: Gaucho mexicano 6
Tahiti-Tamourées: Wini wini 7
Peter Alexander: Wenn erst der Abend kommt 8
Gitte und Rex Gildo: Vom Stadtpark die Laternen 9
Peter Hinnen: Siebentausend Rinder 10
Rocco Granata: Buona notte 11

Gerd Böttcher: Für Gaby tu ich alles 12

Freddy: Laß mich noch einmal in die Fremde 13

Blue Diamonds: Sukiyaki 14

Petula Clarc: Casanova baciami 15

Rex Gildo: Zwei blaue Vergißmeinnicht 16

Manuela: Ich geh noch zur Schule 17

Rex Gildo: Liebe kälter als Eis 18

Cliff Richard: Rote Lippen soll man küssen 20

1964

Deutsche Hits
Deutschsprachige Titel unter den 20 meistverkauften Singles und LPs

Singles:

Siw Malmkvist: Liebeskummer lohnt sich nicht 1

Bernd Spier: Das kannst du mir nicht verbieten 2

Ronny: Oh my darling Caroline 3

Freddy: Gib mir dein Wort 5

Drafi Deutscher: Shake hands 6

Marika Kilius: Wenn die Cowboys träumen 7

Cliff Richard: Sag no zu ihm 8

Manuela: In meinem Kalender 12

Conny: Drei Musketiere 13

Peter Lauch: Das kommt vom Rudern 14

Sacha Distel: Der Platz neben mir 15

Suzie: Du, du gehst vorüber 16

Bernd Spier: Memphis Tennesse 19

Martin Lauer: Sein bestes Pferd 20

LPs:

My Fair Lady (Dt. Originalaufnahme) 1

Helen Vita: Freche Chansons aus dem alten Frankreich 3

Peter Alexander: Wiener Spaziergänge 8

Jürgen von Manger: Stegreifgeschichten 9

Hildegard Knef: Die großen Erfolge 12

Deutsche Hits
Deutschsprachige Titel unter den 20 meistverkauften Singles und LPs

Singles:

Bernd Spier: Das war mein schönster Tanz 3

Wanda Jackson: Santo Domingo 5

Five Tops: Rag Doll 6

France Gall: Das war eine schöne Party 7

Roy Black: Du bist nicht allein 8

Peggy March: Mit 17 hat man noch Träume 10

Drafi Deutscher: Heute male ich dein Bild, Cindy Lou 11

Ronny: Kleine Annabell 12

Peter Alexander: Schenk mir ein Bild von dir 14

Cliff Richard: Das ist die Frage aller Fragen 15

Drafi Deutscher: Cinderella Baby 17

Freddy: 5000 Meilen von zu Haus 19

Suzie: Du, du gehst vorüber 20

LPs:

My Fair Lady (Dt. Originalaufnahme) 1

Esther und Abi Ofarim: Melodie einer Nacht 6

Peter Alexander: Wiener Spaziergänge 7

Ernst Mosch: Goldner Klang vom Egerland 8

Françoise Hardy: Portrait in Musik 11

Hildegard Knef: Die großen Erfolge 13

Deutsche Hits
Deutschsprachige Titel unter den 20 meistverkäuften Singles und LPs

Singles:

Freddy: Hundert Mann und ein Befehl 2

Roy Black: Leg dein Herz in meine Hände 8

Roy Black: Ganz in weiß 10

Udo Jürgens: Siebzehn Jahr', blondes Haar 12

Marion: Er ist wieder da 19

Udo Jürgens: Merci Cherie 20

LPs:

Udo Jürgens: Portrait in Musik 4

Peter Alexander: Wiener G'schichten 5
Hildegard Knef: Ich seh' die Welt durch deine Augen 11
Esther und Abi Ofarim: Noch einen Tanz 12
Hildegard Knef: Die neue Knef 13
Ernst Mosch: Goldner Klang vom Egerland 15
Françoise Hardy: Portrait in Musik 19

1967

Deutsche Hits
Deutschsprachige Titel unter den 20 meistverkauften Singles und LPs

Singles:

Roy Black: Frag nur dein Herz 3
Roy Black: Meine Liebe zu dir 4
Ronny: Laß die Sonne wieder scheinen 6
Peter Alexander: Moderne Romanzen 12
Peter Alexander: Spanisch war die Nacht 15
Peggy March: Memories aus Heidelberg 20

LPs:

Roy Black: Roy Black 2
Hildegard Knef: Halt mich fest 9
Ronny: Die großen Erfolge 17
Françoise Hardy und Udo Jürgens: Françoise und Udo 18
Peter Alexander: Wie es euch gefällt 20

1968

Deutsche Hits
Deutschsprachige Titel unter den 20 meistverkauften Singles und LPs

Singles:

Heintje: Mama 1
Heintje: Du sollst nicht weinen 2
Peter Alexander: Der letzte Walzer 4
Udo Jürgens: Cotton Fields 7
Roy Black: Bleib' bei mir 8
Dorthe: Sind Sie der Graf von Luxemburg? 9
Heintje: Heidschi bumbeidschi 10
Rita Pavone: Arrividerci Hans 13
Udo Jürgens: Mathilda 14
Peter Alexander: Komm und bedien' dich 15

LPs:

Heintje: Heintje 1

Peter Alexander: Schlager-Rendezvous 1 3

Udo Jürgens: Was ich dir sagen will 5

Udo Jürgens: Udo 7

Roy Black: Roy Black 2 8

Peter Alexander serviert Spezialitäten aus Böhmen 16

Udo Jürgens: Mein Lied für dich 17

1969

Deutsche Hits
Deutschsprachige Titel unter den 20 meistverkauften Singles und LPs

Singles:

Adamo: Es geht eine Träne auf Reisen 4

Heintje: Heidschi bumbeidschi 5

Roy Black: Das Mädchen Carina 6

Roy Black: Ich denk an dich 7

Michael Holm: Mendocino 10

Peter Alexander: Liebesleid 11

Christian Anders: Geh nicht vorbei 14

LPs:

Heintje: Heintje 1

Karel Gott: Die goldene Stimme aus Prag 2

Roy Black: Ich denk an dich 3

Peter Alexander: Schlager Rendezvous 2 5

Udo Jürgens: Udo 10

Haare (dt. Aufnahme) 11

Peter Alexander: Schlager-Rendezvous 1 12

Alexandra: Sehnsucht 14

Roy Black: Ich hab dich lieb 18

70er Jahre

Bei Onkel Pö
spielt 'ne Rentnerband
Die siebziger Jahre

Es kam so, wie es kommen mußte: Deutschsprachige Schallplatten (und mittlerweile auch Musikkassetten) verkauften sich immer schlechter. Ihr Marktanteil betrug an der Schwelle zu den siebziger Jahren noch ganze zehn Prozent. Den einheimischen Plattenproduzenten war praktisch eine ganze Generation als potentielle Käufer ihrer Produkte abhanden gekommen. Dieser Verlust ließ sich auf Dauer nicht mit dem kommerziellen Erfolg kompensieren, den sie gleichzeitig bei konservativen, überwiegend älteren Käuferschichten mit »Mama«-Gefühlskitsch und deutschtümelnder Bergvagabundenromantik einfuhren.

Es mußte etwas geschehen. Und siehe da, es geschah etwas. Am 18. Januar 1969 strahlte das ZDF erstmals eine neue Musiksendung aus. Als Regisseur konnte man Truck Brans gewinnen, der sich zuvor mit mehreren Fernsehshows, die bei Kritikern und Zuschauern auf einhellige Begeisterung stießen, einen guten Namen gemacht hatte. Allmonatlich holte er nun eine Reihe jugendlicher Stars und Sternchen des deutschen Schlagergeschäfts ins Studio, verpaßte ihnen mittels Minirock, Boots, Plateau-Schuhen und Shake-, Slop- und Hully-Gully-Hosen ein modisches Outfit und ließ sie ohne große Kulisse in einem minimalistisch gestalteten Studio ihre Songs vorstellen. Sie alle sangen – im TV damals wie heute sehr ungewöhnlich – live und sorgten damit für eine bis dato ungekannte Lebendigkeit. Als Moderator fungierte der populäre Europawelle Saar- und frühere Radio Luxemburg-Discjockey Dieter Thomas Heck. Die *ZDF-Hitparade* war geboren.

Die Zunft der Kritiker wandte sich entsetzt ab: »In der Sendung«, so schalt etwa die *Abendzeitung*, »ging es zu, wie zu Papas Zeiten: Zigeunerromantik, sentimentale Liebesseufzer, neckisches Geflirte und Wimperngeklimper. Die Einbauküchenschnulzen feierten ihr Comeback.« Der *ZDF-Hitparade* gelang jedoch, was man deutschen Schlagern zu dieser Zeit nun wirklich nicht mehr zugetraut hatte: Sie sorgte für frischen Wind und wurde schnell zum Forum für einheimische Interpreten, sich und ihre Songs zur besten Sendezeit einem breiten Publikum bekanntzumachen. Pro Sendung saßen sage und schreibe zwischen zwanzig und dreißig Millionen Zuschauer vor den Fernsehapparaten. Die *ZDF-Hitparade* entwickelte sich in Windeseile zum Erfolgs-Sprungbrett einer neuen Generation von Schlagerstars.

Zum Beispiel für Michael Holm. Er hatte schon jahrelang sein Glück als Sänger versucht, der Sprung an die Spitze blieb ihm jedoch lange verwehrt. 1965 hatte er einen ersten Achtungserfolg: »Alle Wünsche kann man nicht erfüllen« plazierte sich in den Charts auf Platz 19. Danach wurde es wieder still um ihn. Als Produzent, unter anderem von Ricky Shayne, erntete er zahlreiche Lorbeeren. Als Interpret schaffte er allerdings erst den Durchbruch, nachdem er im September und Oktober 1969 zweimal nacheinander bei Dieter Thomas Heck aufs oberste Treppchen gestiegen war. Mit »Mendocino« (»Auf der Straße nach San Fernando, da stand ein Mädchen wartend in der heißen Sonne ...«), der Coverversion eines Hits des Sir Douglas Quintets, schaffte er, was zum letzten Mal 1964 Bernd Spier mit »Memphis Tennessee« und 1965 Leo Leandros alias Five Tops mit der deutschen Version des Four Seasons-Hits »Rag Doll« gelungen war: Michael Holm verwies das Original auf den zweiten Rang. Der Song war für ihn Startschuß zu einer Sangeskarriere, die ihm bis 1980 in steter Regelmäßigkeit vordere Plätze in den Charts bescherte: »Barfuß im Regen« und »Wie der Sonnenschein« (beide 1970), »Ein verrückter Tag« (1971), »Baby, du bist nicht alleine« (1973), »Wart auf mich« (1975), »Mußt Du jetzt gerade gehen, Lucille?« (1976) und »El Lute« (1979). Sein größter Erfolg war ihm 1974 beschieden: »Tränen lügen nicht«, jener in den Neunzigern in einer Techno-Version erneut zu Ehren gekommene Kultsong, in dem er zum eindringlich gehauchten Backgroundchor so beschwörende Ermahnungen zum besten gab wie: »Sag doch selbst, was wirst du anfangen mit deiner großen Freiheit? Wie früher mit Freunden durch Bars und Kneipen ziehn? Und dann, wenn du das satt hast, glaubst du, das Glück liegt auf der Straße und man braucht es nur aufzuheben? - Nein, nein, mein Freund!«

Michael Holm war lange Jahre ein überaus erfolgreicher Hitlieferant und besaß einen treffsicheren Instinkt für den Geschmack des Schlagerpublikums. Er verfolgte das internationale Musikgeschehen stets so akribisch, daß es ihm mehr als einmal gelang, eine von ihm gesungene deutsche Cover-Version bereits vor dem Original im Handel zu plazieren. Auch als Texter hatte er eine sichere Hand. Kenny Rogers' Hit »It's the right time to leave me, Lucille?« beispielsweise erschien zuerst als »Du läßt mich ganz schön hier hängen, Lucille« in einer deutschen Version von Volker Lechtenbrink. Holm erkannte blitzschnell, daß diese Zeile zu sperrig war, um sich im Ohr festzusetzen und zog mit einer neugetexteten Fassung nach: Sein »Mußt du jetzt gerade gehen, Lucille?« wurde auch prompt zu einem Hit, der Rogers' Original weit hinter sich ließ. Volker Lechtenbrink hatte das Nachsehen, von seiner Aufnahme nahm kaum ein Mensch Notiz.

Allerdings: Trotz all seiner Plazierungen auf den ersten Plätzen der Charts und trotz mehrerer Goldener Schallplatten: Ein Teenageridol wie in den Fünfzigern Peter Kraus oder in den Sechzigern Roy Black war Michael Holm nie. Bei den alljährlich von *Bravo* veranstalteten »Otto«-Wahlen kam er nie über einen Rang im Mittelfeld hinaus. Ihm mangelte es ganz einfach an Sex-Appeal. Zu Teenageridolen wurden andere gekürt.

Zum Beispiel Chris Roberts, ein weiteres typisches Kind der *ZDF-Hitparade*. Kein anderer war so oft zu Gast bei Heck wie er. Ganze 61mal stand er mit 21 verschiedenen Songs vor der Kamera der Berliner Union-Film, wo die Sendung Monat für Monat produziert wurde. Bei 13 dieser Auftritte verließ er die Schlagerarena als Sieger. Seine Songs waren – mit Verlaub – alle Mittelmaß: Harmlose Liedchen mit bravem Text, musikalisch auf wohlgemut und heiter getrimmt, mitunter ein bißchen neckisch (»Ich bin verliebt in die Liebe«, 1970), ein anderes Mal spitzbübisch-naiv (»Mein Name ist Hase«, 1971), stets jedoch beschwingt, ausgelassen und manchmal geradezu penetrant optimistisch. (»Du kannst nicht immer 17 sein, Liebling, das kannst du nicht, / aber das Leben wird dir noch geben, was es mit 17 dir verspricht.«) So einfallslos all diese Gassenhauer auch durchweg waren, seinen – vorwiegend weiblichen – Fans war das egal: Der stets lächelnde Tausendsassa

Chris Roberts war über Jahre hinweg ihr meistverehrtes Idol, 1971 und 1972 verwies er gar bei der »Otto«-Wahl seinen Mitbewerber Roy Black auf den zweiten Platz. Die Wege der Publikumsgunst sind mitunter unergründlich ...

Ebenfalls Dauergast bei Dieter Thomas Hecks allmonatlichem Schlagerwettstreit war Christian Anders. Er schaffte 1969 auf Anhieb den Durchbruch mit seiner ersten und bis heute unerreichten Platte »Geh nicht vorbei«, einem stilvoll und leidenschaftlich zelebrierten Schmachtfetzen der Meisterklasse. Ein mächtiger Chor voller Engelsstimmen und eine enorm aufwendige Orchestrierung verliehen dem Song einen schweren und festlichen Glanz. All dieser Pomp überdeckte grandios die eher dürftige Aussage, die der Text transportierte: »Als ich dich fand, ging eine Sonne auf, / und der Himmel war so nah. / Und deine Augen versprachen mir so viel, / was ich noch nie, niemals sah.« Christian Anders' helle, klagende Stimme paßte so herrlich zu der Banalität seiner Verse; »Geh nicht vorbei« war gewiß die schönste Schnulze jener Dekade und zugleich Auftakt zu einer langen Reihe von Hits, die im Laufe der nächsten Jahre folgen sollten. Dabei schmückte sich kein anderer Schlagerstar so unverblümt mit fremden Federn wie er: Die Melodie seines Titels »Das Schiff der großen Illusionen« von 1975 erinnert stark an Peggy Marchs Welthit »I will follow him«; »In den Augen der anderen« glich 1973 zum Verwechseln Paul Ankas »Lonely Boy«. Ein ähnlich durchschlagender Erfolg wie mit seiner Debütsingle gelang ihm allerdings nur noch ein einziges Mal, 1972 mit »Es fährt ein Zug nach nirgendwo«.

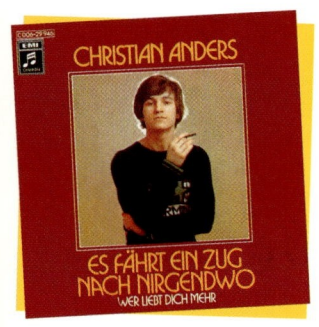

Christian Anders verstand es meisterhaft, seinem Publikum nichtssagende Platitüden mit ungeheurem Pathos aufzutischen. Dabei wandelte er stets haarscharf an der Grenze zwischen Genialität und Peinlichkeit. Grandioser »Höhepunkt« seines musikalischen Schaffens war 1973 eine »Pop-Oper« mit Namen »Der Untergang von Taro Torsay / Aufstieg und Fall eines Pop-Stars«. »Taro Torsay«, so der Prolog zu jenem Epos, »du wirst immer einsam sein. / Wer so ist wie du, geht seinen Weg allein. / Versuche nicht die Schatten der Vergangenheit, / denn das hat mancher schon bereut!« Ähnlich »tiefgründig« die Songs: Seite 1, Titel Nr. 4: »Edel sei der Mensch, hilfreich und gut. / Und den hol

der Teufel, der das nicht tut. / Für alle zehn Gebote steh immer
ein / Sonst gibt's am Ende Violence«; Seite 2, Titel Nr. 5: »Warum
ist die Welt ohne Liebe? / Wer reicht dir aus Freundschaft die
Hand? / Jeder hat nur eines im Sinn: / Ist da für mich auch genug
drin?«; Seite 3, Titel Nr. 4: »Es gibt auf dieser Welt arm und reich, /
doch einmal kommt der Tag, / da sind wir alle gleich. / Der Tag, an
dem diese Welt / in Schutt und Asche zerfällt, / Maranatha, der
Herr wird kommen!« In den Siebzigern blieb diesem Epos der große
Durchbruch versagt, in den Neunzigern kramte es die Berliner
Kabarett-Truppe »Bar jeder Vernunft« noch einmal als »Trashical«
aus. Ihre Performance zum Christian-Anders-Voll-Playback riß
monatelang ein begeistertes Publikum zu Beifallsovationen hin.
Parallel dazu brachte sich der Ex-Star, nackt an ein Geländer ge-
kettet, in Erinnerung und predigt mittlerweile unter dem neu an-
genommenen Namen »Lanoo« als Medium Gottes abgedroschene
Seichtheiten, die denen seiner alten Hits zum Verwechseln ähneln.

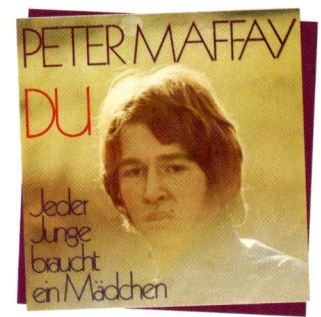

Die zweitschönste Schnulze der Siebziger, ähnlich pathe-
tisch wie »Geh nicht vorbei«, hieß »Du« (»In deinen Augen steht so
vieles, das mir sagt: / Du denkst genau so wie ich. / Du bist das
Mädchen, das zu mir gehört, / ich lebe nur noch für dich«). Rang 3
schließlich gebührt »Es war Sommer«, dieser großartigen, seit Jahrzehnten zum Kult-Song avancierten Verführungs-Romanze, die die
Entjungferung eines 16jährigen Knaben durch eine 31jährige schildert. (»Wir gingen beide hinunter an den Strand, / und der Junge
nahm schüchtern ihre Hand. / Doch als ein Mann sah ich die
Sonne aufgehn. / Und es war Sommer ...«) Beide Songs, »Du«
(1970) und »Es war Sommer« (1976), stammen vom ungekrönten
Schlager-König der Siebziger, Peter Maffay. Dem aus Rumänien
stammenden Sänger mit der markanten, aufsässigen Stimme
gelangen mit seinen gefühlvollen Titeln, aber auch mit rockigen
Glanzstücken wie »Samstag abend in unserer Straße«, immer wieder Hits der Superklasse, die ihn zum Dauergast bei Dieter Thomas
Heck werden ließen.

Ein weiterer Star der *ZDF-Hitparade* war ein Kind meiner
Heimatstadt Mannheim. Bernd Clüver verpaßte bei der Präsentation
seines ersten Hits »Der Junge mit der Mundharmonika« im Januar
1973 zwar den Einsatz und blieb dann zu allem Unglück auch noch

mit dem Absatz seines linken Plateau-Schuhs in den Gitterstufen der Wendeltreppe hängen, konnte aber nichtsdestotrotz allein in der Woche nach der Sendung 100000 Exemplare seines romantischen Songs verkaufen.

Ein ähnlich durchschlagender Erfolg war im Juli 1972 Jürgen Marcus beschieden: Sein erster von insgesamt 38 Auftritten bei Dieter Thomas Heck katapultierte ihn mit seinem Titel »Eine neue Liebe ist wie ein neues Leben« auf Rang 1 und bezeichnet somit den Beginn seines Aufstiegs in den Schlager-Olymp der siebziger Jahre. Ein paar Jahre später debütierte der ehemalige Les Humphries-Mitstreiter Jürgen Drews in Hecks Samstagabend-Sendung. Sein »Ein Bett im Kornfeld« avancierte zum Sommerhit des Jahres 1976, sein »Barfuß durch den Sommer« zum Sommerhit des Jahres 1977. Dauergast in der *Hitparade* war auch Vicky Leandros. Ihr großartiger Grand Prix-Titel »Après toi« (deutsch: »Dann kamst du«), mit dem sie 1972 für Luxemburg Platz 1 holte, landete in Deutschland zwar nur im Mittelfeld, ihre deutschen Fans liebten dafür aber um so mehr »Theo, wir fahr'n nach Lodz« (1973), einer der gewitztesten und pfiffigsten Songs, die uns die siebziger Jahre bescherten: »... steh auf, du faules Murmeltier, / bevor ich die Geduld verlier, / Theeeeeee – o, wir fahr'n nach Lodz.«

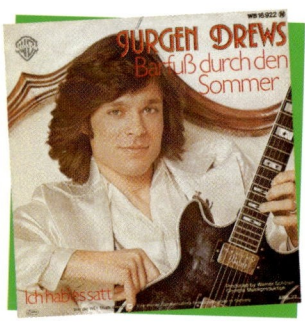

Die Liste der Stars und Hits, die in den Siebzigern für ein Comeback des deutschen Schlagers sorgten, ist beachtlich: Neben den Songs von Michael Holm, Chris Roberts, Peter Maffay, Christian Anders, Vicky und Bernd Clüver sorgten vor allem Howard Carpendale mit »Deine Spuren im Sand« (1973) oder »Fremde oder Freunde« (1976) für frischen Wind, Cindy und Bert mit »Spaniens Gitarren« (1974), Costa Cordalis mit seiner »Anita« (1977), die Gruppe DSCHINGHIS KHAN mit ihren bis zum heutigen Tag noch nicht verklungenen Erfolgen »Dschinghis Khan« und »Moskau« (beide 1979), Wolfgang Petrys anheimelnde Vorstadt-Episode »Sommer in der Stadt« (1976), Renate Kerns Flower Power-Hymne »Alle Blumen brauchen Sonne« und last, aber ganz bestimmt nicht least, die ungekrönte Königin des deutschen Schlagers: Marianne Rosenberg.

Mariannes Karriere nahm ihren Anfang 1969 bei einem Talentewettbewerb. Sie gewann einen Plattenvertrag und durfte danach »Mr. Paul McCartney« ihr Liebesleid klagen. Mit dem wehmütigen, alles in allem harmlosen und naiven Liedchen (»Mr. Paul Mc Cartney, schreib mir doch 'ne Karte, / ohne Post von dir fühl ich mich einsam ...«) errang sie 1970 einen ersten Achtungserfolg. Schon im Folgejahr kam der Durchbruch: Mit »Fremder Mann« plazierte sie sich erstmals in den Top Ten und von da an ging es für den Rest des Jahrzehnts Schlag auf Schlag.

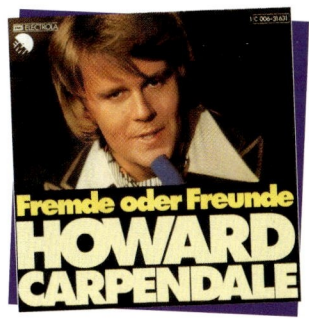

Immer wieder überraschte sie mit Songs, bei denen ihre kindlich anmutende, nicht ganz grundlos von ihren Gegnern gerne als »Piepsstimme« gescholtene Stimmlage aufs herrlichste mit den Themen, die sie anzusprechen pflegte, kontrastierte. Schon immer drehte sich im Schlager fast alles um die Liebe, meist aber mit ziemlich allgemein gehaltenen Liebesschwüren. So auch in den Siebzigern: Howard Carpendale himmelte seinerzeit »Das schöne Mädchen auf Seite 1« an und reimte darauf die Zeile »Das will ich haben, und sonst keins«. Bata Illic erging sich in ehernen Liebesbeteuerungen wie »Ich tu alles für dich, denn ich liebe nur dich, Michaela«. Chris Roberts versprach »Ich mach ein glückliches Mädchen aus dir, / jeden Tag, jede Nacht«, und die Liebeserklärungen Peter Maffays waren voller Überhöhungen, die für viele Schlager typisch sind: »Du bist alles, was ich habe auf der Welt, du bist alles, was ich bin.«

Aus den Songs der Marianne Rosenberg hingegen sprach eine für den Schlager eher untypische Intimität. Hatte zuvor schon jemals eine Interpretin geschildert, welche Gefühle sie überkommen, wenn sie einen Mann küßt, zugleich aber an einen anderen denkt? »Er hilft mir nicht, dich zu vergessen, / wo ich auch bin, was ich auch tu. / Will er mich küssen, kämpf ich mit Tränen, / ich denke immer, das bis du ...«, so gewährte sie in einem ihrer Hits Einblick in ihre Seele, und man sieht förmlich die Tränen, die ihr währenddessen über die Wangen rollen. »Er würde alles für mich tun – doch wozu? / Er hat nur den Fehler: Er ist nicht wie du.«

Das war neu: Mit den Liedern Marianne Rosenbergs wurden die »alltäglichen Dramen« um Liebe, Lust und Leidenschaft zum Thema im deutschen Schlager. Und da sich die ganze Tragweite von Dramen nicht immer in ein paar wenigen Reimen zusammenfassen ließ, machte sie mitunter vor detaillierten Erklärungen nicht halt. So schickte sie etwa ihrem Song »Liebe kann so weh

tun« eine umfangreiche Einleitung voraus: »Gestern hab ich sie zum ersten Mal gesehn. Du hattest mir so viel von ihr erzählt, daß ich sie gleich erkannte. ›Das ist also die andere‹, hab ich mir gedacht, ›bei der du vor mir warst und die noch immer zu dir gehört. Bei der du bist, wenn ich dich brauche. Und an die du denkst, wenn wir zusammen sind, weil sie schon auf dich wartet. Und mit der du mich vergleichst – manchmal, und ohne es zu wissen.‹ Und die ich fast schon haßte, ohne sie je gesehen zu haben. Doch irgendwie mag ich sie sogar, denn wir beide haben das gleiche Problem: Wir lieben den selben Mann und das tut weh.«

In ihrem Song »Marleen« (1976) griff sie dieselbe Konstellation erneut auf: «Dein Haar glänzt wie ein Sternenzelt«, so schmeichelt sie ihrer Rivalin im Kampf um ein und denselben Mann, und preist deren Vorzüge »dein Mund ist die Versuchung selbst, / dein Teint ist wie aus einem Magazin. / Wie Blumenduft ist jedes Wort, das über deine Lippen kommt. / Begehrt er dich, so kann ich das verstehn.« Trotzig stellte sie sich der »anderen« entgegen (»Marleen, eine von uns beiden muß jetzt gehn«), um dann kleinlaut hinzuzufügen: »Darum bitt ich dich: Geh du, Marleen.«

In den von Marianne Rosenberg thematisierten Tragödien schienen sich die Hörerinnen und Hörer wiederzufinden. Zu ihren Auftritten strömten Friseusen, Zahnarzthelferinnen und Aldi-Kassiererinnen in Scharen. Und spätestens, als sie 1975 ihren Titel »Ich bin wie du« sang, wurde sie über Nacht zur Schutzheiligen sämtlicher Schwulen der Republik geadelt – wer sonst hätte sich mit der Titelzeile dieses Songs besser identifizieren können? Ein heterosexueller Jüngling, der seiner Angebeteten die Eröffnung »Ich bin wie du« macht – was soll das für einen Sinn haben? Wenn hingegen Schwule voller Inbrunst in diese Zeile mit einstimmen, so ist das passend – weil es eben im ganz wörtlichen Sinne zutrifft. Gewiß steckte kein Kalkül dahinter, und vermutlich haben sich Frau Rosenberg und ihr Produzent selbst am meisten darüber gewundert, daß ihre Gesänge sich gerade in der homosexuellen Subkultur so außerordentlich großer Beliebtheit erfreuen. Doch oft sind es nichts weiter als Wortfetzen, die den Erfolg eines Songs begründen. Und die Zeile »Ich bin wie du« traf nun mal zufällig haargenau den Nerv der schwulen Szene.

Unter Homosexuellen besitzen Mariannes schicksals-
trächtige Gesänge bis zum heutigen Tag Kult-Status. Und ihr 1975
im aktuellen Philadelphia-Disco-Sound gehaltener Titel »Er gehört
zu mir« wurde mit den Jahren zu einer Art »schwuler National-
hymne«. Manch heterosexuell orientierter Zeitgenosse verharrt
angesichts von Zeilen wie »Ist es wahre Liebe, die nie mehr vergeht? / Oder wird die Liebe vom Winde verweht?« fassungslos vor
diesem Phänomen. Die Schwulen selbst indessen, ihrem Idol
offenbar in Seelenverwandtschaft verbunden, sehen das alles völlig unverbissen, erfreuen sich an dem zeitlosen Unterhaltungswert
der wunderbaren Songs ihres Idols und werden gewiß noch in
vielen Jahren auf »Rosenberg-Partys« voller Inbrunst unisono in
Textzeilen mit einstimmen wie »Nie vergeß ich uns'ren ersten Tag
nane, nane, naanana / denn ich spürte gleich, daß ich ihn mag
nane, nane, naanana ...«.

Das durch die *ZDF-Hitparade* eingeleitete Schlager-
Revival hinterließ in den Bestsellerlisten der Siebziger deutliche
Spuren: Bereits 1969, dem Jahr, in dem die Sendung startete,

gab es mit Christian Anders' »Geh nicht vorbei«, Michael Holms »Mendocino« und auch mit Adamos »Es geht eine Träne auf Reisen« drei deutschsprachige Titel, die sowohl in der Jahresauswertung des *Musikmarkt* als auch in der *Bravo*-Musicbox ganz vorne rangierten. Ähnlich in den Folgejahren: Bis 1976 wurden regelmäßig eine ganze Reihe der typischen Teenager-Songs aus Hecks Sendung zu großen Hits und tummelten sich im *Musikmarkt* und in der *Bravo* auf den vorderen Plätzen. 1977 allerdings begann die Schlager-Präsenz erneut zu bröckeln: Mit Marianne Rosenbergs »Marleen«, Frank Zanders Juxtitel »Oh Susi« und Costa Cordalis' »Anita« rangierten nur noch drei deutsche Titel im *Musikmarkt* unter den ersten zwanzig. Und schon im Folgejahr 1978 war das Comeback des deutschen Schlagers wieder vorbei: Zwei der drei deutschsprachigen Titel, die sich im Spitzenfeld behaupten konnten, wandten sich an Hörer im Vorschulalter: Vadder Abrahams »Lied der Schlümpfe« und die Erkennungsmelodie der sonntagnachmittags ausgestrahlten Zeichentrickserie »Heidi«. Der dritte Titel schließlich, »Und dabei liebe ich euch beide«, ein herzzerreißendes Scheidungsdrama, intoniert vom nervtötenden Tremolo eines zwölfjährigen Mädchens namens Andrea Jürgens, war mindestens so grausig wie ein Jahrzehnt zuvor Heintjes »Mama«.

Zwar feierte 1979 und 1980 dann die eigens für den Grand Prix d'Eurovision 1979 gebildete Gruppe Dschinghis Khan mit ihren famosen Songs »Dschinghis Khan«, »Moskau«, »Hadschi Halef Omar« und »Rom« noch einmal vier Treffer in Folge, alle anderen Stars der *ZDF-Hitparade* sucht man seither jedoch in den Charts vergebens, mit Ausnahme von Peter Maffay, auf den ich noch zu sprechen komme. Christian Anders hatte 1977 mit seinem »Love Dreamer« seinen letzten Hit. Um Jürgen Marcus war es bereits 1975 nach seinem letzten großen Erfolg »Ein Lied zieht hinaus in die Welt« ziemlich still geworden. Chris Roberts fragte 1976 noch erfolgreich »Do you speak English?«, dann war auch er ganz plötzlich weg vom Fenster. Michael Holm landete immerhin 1979 noch einmal einen Bestseller mit »El Lute«. Danach wurde der bis dato so todsichere Hitlieferant in den deutschen Charts nie wieder gesehen. Vicky Leandros, seit Jahren auf Erfolg abonniert, gab 1977 mit »Auf dem Mond, da blühen keine Rosen« ihr letztes Gast-

spiel im Spitzenfeld der Bestsellerlisten. Und Bernd Clüver schließlich war seit seinem letzten Treffer »Bevor du einschläfst« im Jahr
1975 schon seit geraumer Zeit sanft entschlummert.

Die von *Bravo* verliehenen »Ottos« für die populärsten
Sängerinnen und Sänger gingen Ende der Siebziger nicht mehr,
wie all die Jahre zuvor, an Chris Roberts, Bernd Clüver und Jürgen
Marcus. Die neuen Stars der *Bravo*-Leserinnen und Leser hießen
nunmehr Shaun und David Cassidy, Leif Garrett, Suzie Quatro und
Olivia Newton-John. Auf den Zuschauerrängen der Berliner Union-
Studios suchte man vergebens nach jugendlichen Fans, mehr und
mehr saßen dort Schlagerfreunde jenseits der Fünfzig. Der deutsche Schlager, in den Sechzigern schon einmal fast zu Grabe getragen, in den Siebzigern dank der *ZDF-Hitparade* noch einmal erfolgreich reanimiert, hatte an der Schwelle zu den Achtzigern seine
Attraktivität für junge Leute wieder einmal verloren.

Die Begeisterung für die BEATLES und die damit einhergehenden
zähen Auseinandersetzungen mit den Eltern hatten sich als Beginn
einer grundlegenden Veränderung des Lebensgefühls junger
Menschen erwiesen: Dem Kampf um die Haarlänge und der
Abkehr von der traditionellen Kleiderordnung waren erste Erfah-
rungen mit Drogen gefolgt. Von da an ging es Schlag auf Schlag:
Der althergebrachte Leistungsbegriff war von den »Gammlern«
radikal erschüttert worden. Der Ideologie des »Schaffe, schaffe,
Häusle baue« hatten Hippies und Blumenkinder die Losung »Make
love, not war« entgegengesetzt. Vor allem der akademische Teil
der sich immer rasanter verändernden jungen Generation hatte
sich zunehmend politisiert, Rudi Dutschke, Sprecher des SDS,
des Sozialistischen Deutschen Studentenbundes, wurde einer
ihrer bekanntesten Protagonisten. Althergebrachte Vorstellungen
von Familie, Geschlechterrollen und sexueller Moral gerieten
zunehmend ins Wanken. Wohngemeinschaften und antiautoritäre
Kinderläden erprobten die neuen Vorstellungen und Werte jetzt
auch in der Praxis.

Dieser Wandel betraf zunächst fast ausschließlich gesellschaftliche Minderheiten, vor allem aus dem studentischen Milieu.
Das änderte sich jedoch spätestens bei den Bundestagswahlen

83

1969. Die rechtsradikale NPD scheiterte knapp an der 5%-Hürde. Damit hatten – trotz mehrheitlichen Wähler-Votums für die Rechtsparteien – die SPD und die seinerzeit sozialliberal orientierte FDP die Mehrheit im Deutschen Bundestag. Gemeinsam wählten sie Willy Brandt zum ersten sozialdemokratischen Bundeskanzler und verwiesen die CDU, den politischen Arm des bundesdeutschen Konservatismus, erstmals seit Kriegsende in die Opposition. Die Losung »Mehr Demokratie wagen« wurde zur Maxime der siebziger Jahre. Was in den Jahren zuvor noch von radikalen Minderheiten postuliert worden war, das fand nun, quasi als Sozialdemokratisierung des Alltags, in moderater Form Einzug in die gesamtgesellschaftliche Normalität. Vieles von dem, was noch in den Sixties Argwohn erweckt hatte und auf brüske Ablehnung gestoßen war, wurde in den Siebzigern allgegenwärtig: Proklamierte in den Jahren zuvor nur eine Handvoll Berliner Kommunarden freie Sexualität, übten sich nun moderne Mittelstandspaare auf »Swinger«-Partys im Partnertausch. Schalteten zunächst vorrangig marxistisch geschulte Intellektuelle die Religion »Opium fürs Volk«, gingen jetzt immer mehr Bundesbürger auf Distanz zu den Kirchen, die Zahl der Austritte nahm stetig zu. Kragen und Schlips, bis dato unabdingbares »Muß« einer streng, traditionellen Kleiderordnung, wichen T-Shirt und Rollpulli. Selbst lange Haare waren kein Tabu mehr, entsprechend dem Zeitgeist wurden sie zunehmend obligat, selbst für Tagesschausprecher und Versicherungsvertreter. Lou van Burgs treudeutsche Samstagabendfernsehshow *Der Goldene Schuß* wich einer emanzipativen Variante: In *Wünsch Dir was* präsentierten Dietmar Schönherr und Vivi Bach Interviews mit Landkommunarden, ließen biedere Bürgerhäuser mit Hundertwasser-Malereien verschönern und eine 17jährige Schülerin in durchsichtiger Bluse auftreten – alles im Sinne des gesellschaftlichen Fortschritts. Und auf deutschen Bühnen, auf denen gestern noch der »Vetter von Dingsda« gastierte, da ging es nun in »Hair«, appetitlich aufbereitet, um Sex, Rassendiskriminierung, Umwelt und Drogen.

In dieser Welt, die sich dem Fortschritt in allen Lebensbereichen immer leidenschaftlicher verschrieben hatte, mutete eine Sendung wie die *Hitparade* mehr und mehr wie ein Fossil aus einer längst überwunden geglaubten Zeit an. Als sich 1972 das holländi-

sche Pärchen MOUTH & MACNEAL mit ihrem Titel »Hello-A« in der
Hitparade plazierte, da war es fast eine Wohltat: Der wohlbeleibte
Mouth mit seinen zotteligen Haaren, seinem Wuschelbart und seiner Nickelbrille, die ein bißchen an den Berliner Kommunarden und
Anarchofreak Fritz Teufel erinnerte, er war in all den Jahren so ziemlich der einzige, der nicht so völlig geschleckt daherkam wie all die
anderen Stars. Seine sauber herausgeputzten Sangeskollegen von
Jürgen Marcus über Chris Roberts bis hin zu Bernd Clüver hingegen erweckten zunehmend den Eindruck, der Zug der Zeit sei
an ihnen vorbeigefahren. Im Grunde waren sie eine Provokation für
jeden auch nur halbwegs fortschrittlich denkenden Menschen –
und welcher Mensch zwischen 15 und 50 dünkte sich in den
siebziger Jahren nicht in irgendeiner Weise fortschrittlich?

      Noch sauberer als die Interpreten der *ZDF-Hitparade* war
der Moderator der Sendung, Dieter Thomas Heck. Er war geradezu
die Personifizierung des Konservatismus in Deutschland. Hätte er
seine Weltsicht für sich behalten, man wäre unter Umständen
geneigt gewesen, Nachsicht walten zu lassen. Aber nein, keine
Gelegenheit ließ er aus, seine Sicht der Dinge für jeden zum besten
zu geben: Befragt nach dem seines Erachtens bedeutendsten
deutschen Politiker, nannte er 1972 nicht etwa den vor allem bei
jugendlichen Wählern so überaus beliebten Willy Brandt, sondern
ausgerechnet seinen stockkonservativen Gegenspieler Rainer
Barzel. (Originalton Heck: »Ich bin ein Barzelist.«) Da paßte es nur
zu gut, daß er als Lieblingstier den Deutschen Schäferhund be-
nannte und immer wieder kundtat, für wie wichtig er »nationales
Denken« erachte.

      Hecks Weltbild war, und ich befürchte, ist es noch heute,
ebenso klar wie einfach gestrickt: »Unsere Jugend ist zu sehr an
den englischen Schlager gewöhnt geworden«, so gab er zu Protokoll. Wohlgemerkt nicht: »Unsere Jugend hört zu viele englische
Schlager«, sondern »Unsere Jugend ist zu sehr an den englischen
Schlager *gewöhnt geworden*«, ganz so, als hätten sich die jugendlichen Hörer nicht aus freien Stücken der angloamerikanischen
Beat- und Rockmusik zugewandt, sondern seien von verantwor-
tungslosen Menschen übel manipuliert und beeinflußt worden.
Hinter solch undeutschen Machenschaften kann sich nur – wer

wohl? – natürlich die vaterlandslose SPD verstecken. »Die SPD hat die Rundfunkanstalten geschickt besetzt. Sie hat Redakteure und Sprecher an den richtigen Plätzen. (...) In den Anstalten gibt es eine ganze Legion, die ihren Willy Brandt im Herzen trägt.«

Was Heck da auftischte, ist natürlich Unsinn. Eher traf das Gegenteil zu. Bis in die Mitte der sechziger Jahre spielten die Sender der ARD fast ausschließlich deutsche und so gut wie keine internationalen Titel. Das führte dazu, daß immer mehr junge Leute an ihren Radioapparaten die Frequenzen der englischen und amerikanischen Soldatensender einstellten, um die Musik der BEATLES und der STONES zu empfangen. Besonders drastisch traf es die Hörer im Sendebereich des Bayerischen Rundfunks, wo man die ganze Garde der immer beliebter werdenden Beatgruppen kurzerhand auf einen hauseigenen Index setzte – es war Redakteuren ganz einfach untersagt, ihre Platten aufzulegen. Dieses Verbot umfaßte sogar einheimische Interpreten wie Manuela und Drafi Deutscher, von denen die gestrengen öffentlich-rechtlichen Herren Programmgestalter meinten, sie würden sich zu sehr an angloamerikanische Vorbilder anlehnen. Nur ganz allmählich wich diese verstiegen-deutschnationale Haltung einer etwas gelasseneren Handhabung – nicht zuletzt aufgrund der Tatsache, daß Werbekunden zunehmend nach einem passenden Umfeld für Spots suchten, die sich gezielt an jugendliche Adressaten wandten. Beim Fernsehen war es nicht anders. Beat und Rock hielten erst mit großer zeitlicher Verzögerung Einzug in die Programme von ARD und ZDF. Der Trend hin zu internationalen Titeln war also keineswegs, wie es die Heckschen Verschwörungstheorien nahelegten, Ergebnis von SPD-nahen »Redakteuren und Sprechern«.

Die meisten Schlagerstars der siebziger Jahre wehrten sich nicht gegen die Vereinnahmung durch Heck. Im Gegenteil: Viele von ihnen waren selbst dann noch zur Stelle, wenn es darum ging, mit dem »Barzelisten« auf CDU-Wahlkampftournee zu gehen. Der aus der damaligen Apartheid-Republik Südafrika stammende Howard Carpendale ließ sich ebenso willig vor den Karren der emsig gegen Brandts Ostpolitik wetternden Konservativen spannen wie Graham Bonney, Ulli Martin, Bata Illic, Hans Jürgen Bäumler und der unvermeidliche Heino. Roy Black warb mit seinen schmal-

zigen Gesängen für Franz Josef Strauß und ließ sich 1972 von
Stadtrat Peter Gauweiler anheuern, als Stargast im Rahmenpro-
gramm des CSU-Parteitages aufzutreten. Bernd Spier, dessen
beste Tage schon einige Jahre zurücklagen, ließ man einen Wahl-
kampfsong für die Junge Union aufnehmen (»Ich weiß, was ich tu, /
ich wähl CDU«), vor lauter Begeisterung darüber erklärte er umgehend seinen Partei-Beitritt. Und auch Kuba-Import Roberto
Blanco outete sich als Parteigänger der C-Parteien (»Wir Schwarzen
müssen zusammenhalten«) ebenso selbstverständlich wie Sonny-
boy Jürgen Marcus, der immerhin einschränkte, sein politischer
Standort sei die »Linke« in der CDU.

Der Niedergang des deutschen Schlagers, der schließlich neben
vielerlei Mittelmaß in den Siebzigern mit Titeln wie Vickys »Theo«,
Maffays »Es war Sommer« oder Marianne Rosenbergs Songs, die
noch heute jede müde Party aufmischen, auch etliche *highlights*
hervorbrachte, hatte gewiß mannigfache Ursachen. In weiten
Kreisen galten deutsche Texte noch immer per se als reaktionär,
ABBA, SMOKIE, BACCARA, MIDDEL OF THE ROAD und all den anderen internationalen Interpreten begegnete man hingegen vergleichs-
weise nachsichtig. Zusätzlich wurde in den Siebzigern die politische
Dimension vorgeblich unpolitischer Unterhaltung zum Thema er-
hoben. Die Unterhaltungsindustrie beliefere, so drückte es der Alt-
meister der Kritischen Theorie, Theodor Adorno, aus, »die zwischen
Betrieb und Reproduktion der Arbeitskraft Eingespannten mit Ersatz
für Gefühle«. Nach der in der Wiederaufbauphase der fünfziger und
sechziger Jahre praktizierten Entpolitisierung des kulturellen Disputs
und der damit verbundenen Propagierung des Rückzugs in eine
vorgeblich »heile Welt«, war diese Auseinandersetzung überfällig.
        Allerdings wurde im Eifer des Gefechtes auch schon mal
ordentlich übers Ziel hinausgeschossen. Der Schlager, Paradebei-
spiel einer musikalischen Gattung, die keinen anderen Zweck zu
erfüllen beanspruchte, als den, zu unterhalten, war folgerichtig
beliebtes Angriffsziel kulturkritischer Betrachtung. Prototypisch das
Verdikt Peter Rühmkorfs: Er schalt die musikalischen Ergüsse von
Vicky, Michael Holm und Christian Anders »verbrecherische Volks-
verdummung«.

87

Mehr allerdings als all diese apodiktische Unnachsichtig-
keit war es das von den Protagonisten des Schlagers *selbst* so
penetrant zur Schau gestellte stockkonservative Weltbild, das ihnen
letztlich das Genick brach. Weniger die Schlager als solche, sondern die Ideologie, für die sie standen, sorgten für einen üblen Bei-
geschmack. Wo immer die Songs aus Hecks *Hitparade* erklangen,
es haftete ihnen ein deutschnationaler Geruch an. Heck und all die
Stars, die sich vom »Mister Hitparade« vereinnahmen ließen, sie
standen für den Mief der Ära Adenauer und Erhardt und rochen
allesamt förmlich nach deutscher Kernseife. Sie waren Protagonisten der Verklemmtheit der fünfziger und des Miefs der sechziger
Jahre. Von ihnen ließ sich das Gros der Nachkriegsgeneration in
den siebziger Jahren mit gutem Recht nichts mehr unterjubeln.

So rauh der Wind der alten Schlagergarde auch ins Gesicht
schlug: Die alten Haudegen der Branche gaben nicht kampflos
auf. Wieder einmal wurde versucht, den Schlager gesellschafts-
kritisch einzufärben. Das Ergebnis dieser Bemühungen bescherte
uns die vermutlich bizarrsten Entgleisungen in der Geschichte der
deutschen Popmusik.

Zum Beispiel die Lieder von Juliane Werding. 1972 landete sie mit ihrer ersten Platte, dem Anti-Drogen-Liedchen »Am
Tag, als Conny Kramer starb«, einen Nr.1-Hit. Durch diesen Erfolg
ermuntert, witterte ihre Plattenfirma die Chance, die damals 15jäh-
rige zu dem zu machen, was einige Jahre zuvor mit Dominique
nicht gelang: Juliane Werding wurde als »Protest«-Star. aufgebaut.
»Das ist Juliane«, so ließ man verlautbaren, »progressiv, jedoch
nicht feindselig der Gesellschaft gegenüber, die im Überfluß lebt.«
Auf ihrer ersten LP war eine Todesanzeige abgebildet, auf der zu
lesen stand: »Unsere geliebte, heile Welt, in deren Schoß einst
Illusionen von Liebe, Frieden und Freiheit geboren wurden, ist nach
langen und blutigen Kämpfen im 20. Jahrhundert endgültig von uns
gegangen. In tiefer Trauer – Juliane Werding«. Das alles klang kritisch und bedeutungsschwanger und dementsprechend waren die
Textzeilen, die man ihr in den Mund legte: »Mein Name ist Juliane,
und ich singe, was mir gefällt. / Lustige Lieder und traurige Lieder
unsrer gar nicht mehr so heilen Welt.« Mal schlüpfte sie in die Rolle

jugendlicher Hausbesetzer (»Sie nannten sich Kinder des Regen-
bogens, / denn sie glaubten an das Gute in der Welt«), mal
beklagte sie den Hunger in der Dritten Welt (»Wie viele Kinder gehn
abends zur Ruh / und schlafen vor Hunger nicht ein?«), und mal
sang sie zur Melodie von »Nights in white satin« gesellschaftspoli-
tische Elaborate wie: »Kind einer Party, aus Zufall gemacht ...«.
Kaum ein politisches Thema blieb unbenannt. Doch die Schluß-
folgerungen, die ihre Lieder bereithielten, waren stets so formuliert,
daß kein Hörer auf die Idee verfallen konnte, an diesen Mißständen
etwas zu ändern. »Die Kälte der Stadt hat viele von uns einsam
gemacht, / doch das ist kein Grund, das Träumen zu verlernen. /
Wenn wir uns verstehn, einander in die Augen uns sehn, / dann
dreht sich der Wind, etwas Neues beginnt.« – So einfach läßt sich
die Welt erklären.

    Nach dem gleichen Muster waren unzählige andere
»Protest«-Schlager der Siebziger gestrickt. Su Kramer machte 1974
auf Frieden und multikulturelle Verbrüderung: »Kinder der Liebe sind
wir alle auf der Welt, / ob wir nun arm sind oder reich, / am Anfang
sind wir alle gleich.« Katja Ebstein sang wahlweise gegen Um-
weltzerstörung (»Rauch aus tausend Schloten / senkt sich über
Stadt und Land. / Wo noch gestern Kinder waren, / bedeckt
heute Öl den Strand«) und gegen Armut in Entwicklungsländern
(»Ein Indiojunge aus Peru, / der will leben so wie du. / Er will leben,
doch die Türen bleiben zu / für den Indiojungen aus Peru«). Nina
und Mike formulierten Berichte zur Lage der Nation: »Sie blicken
gerührt auf das olympische Feuer, / auf Schwarze und Weiße, die
da feierlich stehn. / Sie lauschen den Reden von den goldenen
Tagen, / denen alle jetzt entgegengehn. / Nur Ketten, Mauern und
Stacheldraht passen nicht ins Bild hinein. / Ketten, Mauern und
Stacheldraht – / das muß doch ein Irrtum sein!« Cindy und Bert
befriedigten das zeitgemäße Bedürfnis nach Zwischenmensch-
lichkeit 1973 mit der Forderung »Jasmin statt Benzin«: »Sonntag,
Fußballplatz und volle Straßen, / tausende Menschen, die rasen /
einfach drauflos. / Anstatt nach Jasmin / riecht es nach Benzin, /
warum sind wir bloß so rücksichtslos?«

    Gunter Gabriel bemühte sich redlich, in seinen Songs die
soziale Realität des deutschen Proletariers darzustellen. Sein Lied

»Er ist ein Kerl« leitete er 1974 so ein: »Dies ist ein Lied für dich, mein Freund, der du jeden Tag mit deinem Laster auf der Straße liegst, in fernen Städten und in fremden Ländern. Der du träumst von einem ruhigen Feierabend am Stammtisch oder in der Familie. Doch du mußt fahren, jeden Tag fahren auf der großen Straße der Einsamkeit. Junge, für dich hab ich dieses Lied geschrieben.« Eindrucksvoll schilderte der Song die zermürbenden Arbeitsbedingungen seines Helden. (»... und dann haßt er plötzlich seinen Diesel / und das Geräusch dort unterm Blech. / Doch dann reißt er sich zusammen / und gibt Gas und fährt seinen Weg ...«) Trotz all dieser eindrucksvoll geschilderten Mißstände wurden die Helden letztendlich wieder mit dem Leben versöhnt: Was bei Juliane Werding das Träumen (»... doch das ist kein Grund, das Träumen zu verlernen«), das war bei Katja Ebsteins »Indiojunge« das Glauben (»... doch bald kann sein Schicksal sich ändern. / Warum glaubt denn keiner daran?«) und bei Gunter Gabriel das Warten auf den St. Nimmerleins-Tag (»Einmal tritt er voll die Bremse, / zieht den Schlüssel ab und geht, und dann macht er ganz was andres, / dazu ist es nie zu spät«). Und damit wirklich niemand diese Zeilen als Aufruf zur Rebellion mißverstand, ließ er sein Lied mit den Zeilen ausklingen: »Er ist ein Kerl, ein ganzer Mann, / und sein Zuhause *bleibt* die Autobahn ...«

Auch die Granden der Schlagerbranche standen nicht abseits und hoben ihrerseits zu zorniger Gesellschaftskritik an. Vicky Leandros sang, von süßlichem Bouzuki-Sound untermalt, Zeilen wie: »Verlornes Paradies, / wie schön und wie bunt und wie friedlich könnt' diese Welt sein. / Doch wir stehn vor dem Ende, / seht das endlich mal ein!« Peter Alexander nahm sich 1970 der Probleme obdachloser Mitmenschen an: »Hier ist ein Mensch«, so reimte es sich in einem gospelhaft arrangierten Appell zum Gutsein, »schick ihn nicht fort, / gib ihm die Hand, schenk ihm dein Wort. / Hier ist ein Mensch, der will zu dir, / du hast ein Haus, öffne die Tür!« Und Udo Jürgens schließlich entwickelte sich im Lauf der Jahre zu einem ausgesprochenen Spezialisten in Sachen Gesellschaftskritik. Es war nicht alles übel, was er servierte: Mit »Griechischer Wein« gelang ihm 1974 ein alles in allem eher realistisches Stimmungsbild: »Es war schon dunkel, als ich durch

Vorstadtstraßen heimwärts hing, / da war ein Wirtshaus, aus dem das Licht noch auf den Gehsteig schien. / Ich hatte Zeit, und mir war kalt, drum trat ich ein. / Da saßen Männer mit braunen Augen und schwarzem Haar, / und aus der Jukebox erklang Musik, die fremd und südlich war ...« Immer wieder wurde Jürgens kritisiert, solche Zeilen würden die Probleme ausländischer Arbeitnehmer verniedlichen. Ich vermag diese Kritik nicht zu teilen. Im Gegenteil: Udo Jürgens' Vorstadtkneipen-Story schildert das Lebensgefühl der besungenen Männer, die beim Wein von ihrer Heimat träumen, weder gefühlsduselig noch verharmlosend sentimental, und das macht den Song authentisch. Ähnlich auch sein Titel »Ein ehren-wertes Haus« von 1975, der die Geschichte eines unverheirateten Pärchens erzählt, dem seine spießigen Nachbarn das Leben schwermachen. Das war ohne Pathos erzählt, man konnte dem Interpreten jede Zeile abkaufen – und eben darin unterschieden sich »Griechischer Wein« und »Ein ehrenwertes Haus« von den Elaboraten Juliane Werdings oder Katja Ebsteins. Leider aber beließ es Udo Jürgens nicht bei seinen musikalischen Alltagsepi-soden. Er trachtete nach Höherem und sang in seinem Song »Lieb Vaterland« Zeilen, die er bei dem Satiriker Eckart Hachfeld in Auftrag gegeben hatte: »Lieb Vaterland, wofür soll ich dir danken? / Für die Versicherungspaläste und die Banken? / Für die Kasernen, für die teuere Wehr, / wo tausend Schulen fehlen, tausend Lehrer und noch mehr?« – Gegen diese Zeilen wäre eigentlich kaum etwas einzuwenden, wenn – ja, wenn Udo doch wenigstens ein ganz klein bißchen Ahnung von dem gehabt hätte, was er besang. In Interviews auf diesen Song angesprochen, offenbarte er statt des-sen eine völlige Unbedarftheit in politischen Fragen. Mehr als ein-mal machten sich Journalisten einen Spaß daraus, den frisch-gebackenen Protestsänger in aller Öffentlichkeit vorzuführen. Auf die Frage »Herr Jürgens, was wollen Sie denn sagen mit der Zeile ›Lieb Vaterland, magst ruhig sein, / die Großen zäunen Wald und Felder ein‹? stammelte der bemitleidenswerte Entertainer, er fände Gartenzäune unästhetisch, ein Mäuerchen aus Backsteinen sei doch viel hübscher.

»Lieb Vaterland« war nichts weiter als eine kommerzielle Findigkeit, ein verlogenes Schielen nach der schnellen Mark, nicht anders als all die unglaubwürdigen Songs über arme Indiojungen, zermürbte Fernfahrer und auf Partys »zufällig« gezeugte Kinder. Den Niedergang des deutschen Schlagers vermochte all dieser sozial-kritische Firlefanz nicht aufzuhalten.

Bewegung in das musikalische Geschehen der siebziger Jahre kam statt dessen aus einer ganz anderen Ecke: Schon in den späten Sechzigern traf sich alljährlich auf der im Hessischen gelegenen Burg Waldeck eine Spezies von Musikern, die mit dem deutschen Schlager nichts gemein hatten. Sie nannten sich »Lie-dermacher« und trugen ihre Songs überwiegend mit Gitarrenbeglei-tung vor. Einige unter ihnen veröffentlichten ihre Titel auf Schall-platte. So etwa Franz Josef Degenhardt, der schnell zum Geheimtip unkonventioneller Musikfreunde avancierte. Sein »Deutscher Sonntag« spiegelte bissig das aufkommende Unbehagen bei der Betrachtung deutscher Spießeridylle wider: »Wenn zur Ruh die Glocken läuten, / Kneipen nur ihr Licht vergeuden, / wird's in Couchecken beschaulich. / Das ist die Zeit, da trau ich / mich hinaus um nachzusehen, / ob die Sterne richtig stehen ...« Sein »Spiel nicht mit den Schmuddelkindern« wurde zu einem Identifi-kationslied für eine zunächst noch kleine, im Zuge der aufkeimen-den Studentenbewegung jedoch immer größer werdende Bevölkerungsgruppe. (»Spiel nicht mit den Schmuddelkindern, / sing nicht ihre Lieder. / Geh doch in die Oberstadt, / mach' s wie deine Brüder.«) Und mit dem süffisanten »Vatis Argumente gegen Rudi Dutschke« schließlich (»Ärmel aufkrempeln, zupacken, auf-bauen!«) schuf Degenhardt einen Song, der vermutlich nicht uner-heblich zur Verbreitung außerparlamentarischen Gedankengutes in Deutschland beigetragen hat.

Nicht alle Waldeck-Liedermacher verstanden sich so explizit politisch wie er. Hannes Wader etwa erzählte in seinen frühen Songs überwiegend ganz persönliche Episoden – dies aller-dings in einer ihm eigenen, mitunter ans Verletzende grenzenden Direktheit: »Hör auf, Mädchen, laß das, es hat keinen Zweck, / Du machst dir was vor, nimm die Hände weg. / Es wär dir doch gleich, läge jetzt neben dir / ein Blecheimer oder sonst etwas hier. / Dies-mal leihe ich dir meine Schulter nicht / als Kissen für dein verheul-tes Gesicht / und um deine Tränen zu trocknen, mein Kind, / die

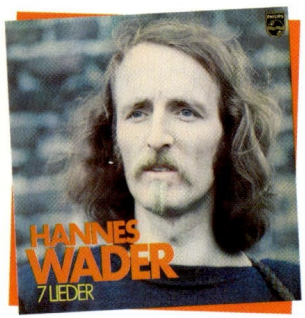

nie meinetwegen geflossen sind ...« Mit solchen Zeilen vermochte
sich eine wesentlich größere Anzahl von Hörern zu identifizieren als
mit den Gesängen des Franz Josef Degenhardt, und so fanden
Waders Langspielplatten weit über die studentenbewegte Linke hinaus Verbreitung.

Ähnlich die Lieder des Berliners Ulrich Roski. Er tingelte
jahrelang durch Kneipen, bevor er in den Siebzigern von einem
breiteren Publikum entdeckt wurde. Seine sprachspielerischen
Reime wie »Ich laß dir Ringe um die Beine schweißen, / daß dich
nicht die Schweine beißen« und eine nur scheinbare Harmlosigkeit,
die sich bei genauem Hinhören mitunter als ganz schön bissig
erwies, wurden, ebenso wie Waders Lieder, Kultsongs einer sich
nonkonformistisch verstehenden Szene.

Ein weiterer Liedermacher schließlich avancierte zum Star
der Bestsellerlisten: Reinhard Mey. Ebenso wie Degenhardt, Wader
und Roski schon in den Sechzigern ein »Geheimtip«, durchbrach er
in den Siebzigern die Schallmauer zur breiten Masse. Im Mittelpunkt
seiner Lieder standen, auch wie bei seinen Kollegen, detailgetreu

erzählte Geschichten und Alltagsepisoden. Vieles von dem, was er sang, war nicht minder intelligent als die Songs von Degenhardt, Wader oder Roski, es war jedoch alles in allem gefälliger serviert. Reinhard Mey sang vom Gefühl, die Welt von oben anzuschauen (»Über den Wolken muß die Freiheit wohl grenzenlos sein. / Alle Ängste, alle Sorgen, sagt man, / blieben darunter verborgen ...«), nahm lilaberockte Feministinnen auf den Arm (»Annabell, ach Annabell, du bist so herrlich intellektuell ...«) und sang vor allem immer wieder anrührende Liebeslieder (»Und für mein Mädchen würd ich, / verlangte sie es von mir, / honorig, ernst und würdig / und höflicher Manier. / Ich würde für ihre Liebe / Gendarm oder Soldat / und würde im Getriebe / des Staates ein kleines Rad / oder ein Kapazitätchen, / ich würd es für mein Mädchen ...«). Wenn es um Politik ging, behandelte er dieses Thema auf einer ganz persönlichen Ebene. Zum Thema »Ausländer« etwa schuf er mit seinem Song »Aus meinem Tagebuch« ein ebenso dichtes wie gefühlsintensives Stimmungsbild: »6. November, Donnerstag, / Arbeit bis Sonnenuntergang. / Kürzer die Zeit von Tag zu Tag / und schien mir dennoch nie so lang. / Ich war am Bahnhof, um zu sehn, / ob es schon für die Karte reicht. / Dann blieb ich vor der Sperre stehn, / mein Mut hat weiter nicht gereicht ...«

Eines seiner populärsten Lieder war »Ankomme Freitag den 13.«, die mit unzähligen Details ausgeschmückte Geschichte eines mittels Telegramm von der unmittelbar bevorstehenden Ankunft seiner Liebsten in Kenntnis gesetzten, leider jedoch zugleich auch höchst schusseligen Zeitgenossen, dem alles, aber auch alles schiefgeht. Ein »klitzekleiner« Ausschnitt aus dem Text, den komplett wiederzugeben mehrere Seiten dieses Buches benötigen würde: »... den Dackel angebunden vor dem Laden, aber mich lassen sie rein. / Ich kaufe irgendwas zu essen und drei Flaschen Wein. / Eine Ente dazu, ich koche Ente mit Apfelsinen. / Dazu eine Backform und eine Handvoll Rosinen. / Darfs für 20 Pfennig mehr sein? Am Stück oder in Scheiben? / Tut mir leid, ich hab das Geld vergessen, können Sie's bitte anschreiben? / Rabbatz vor der Türe, der Dackel hat sich losgerissen / und aus reinem Übermut einen Polizisten gebissen. / Da platzt meine Tüte, vor mir rollt die Lawine. / Ankomme Freitag, den 13., um 14 Uhr,

Christine«. Die Widrigkeiten steigern sich ins Unermeßliche – bis
sein Blick am Ende des Songs auf den Kalender fällt – und da trifft
ihn der Schlag: »Heute ist erst der 12. und Donnerstag.«

Solch detailverliebte, menschlich-allzumenschliche Lyrik,
das war neu. Während Udo Jürgens noch den eingängigen und
tanzbaren Schlager lediglich mit chansonhaften Elementen ver-
knüpfte, schuf Reinhard Mey eine eigenständige populäre Lied-
form, die sich überwiegend am Text orientierte – Musik nicht zum
Tanzen, sondern einzig und allein zum Hören. Von 1971 bis 1974
finden sich seine Platten in der *Musikmarkt*-LP-Bestsellerliste:
»Reinhard Mey live« (1971 Platz 20 und 1972 Platz 6), »Ich bin
aus jenem Holze« (1972 Platz 8), »Mein achtel Lorbeerblatt« (1973
Platz 10) und »Wie vor Jahr und Tag« (1974 Platz 15). Dann war
der ganz große Reinhard-Mey-Boom zwar erst einmal vorüber,
doch auch alle seine weiteren Alben plazierten sich regelmäßig im
Mittelfeld der Charts. Noch heute strömen Fans scharenweise zu
seinen Konzerten.

Mit Reinhard Meys Liedern gelang einer neuen Gattung
deutschsprachiger Unterhaltungsmusik der Durchbruch. In den
Fünfzigern und in der ersten Hälfte der Sechziger war der Schlager die einzige Form populärer Musik in Deutschland. Mitte der
Sechziger erhielt er Konkurrenz in Form der Beatmusik, für die
sich vor allem jugendliche Hörer erwärmten. Mit den gegen Ende
der Sechziger einsetzenden gesellschaftlichen Umwälzungen war
nun auch unter Hörern jenseits des Teenageralters das Bedürfnis
nach neuen musikalischen Ausdrucksformen gewachsen. Meys
Lieder entsprachen diesem weitverbreiteten, immer größere Teile
der Gesellschaft umfassenden Bedürfnis. Die Generation von
Interpreten, die seit den Beatles glaubte, sich nur noch in eng-
lischer (und mit der wachsenden Popularität von Moustaki, Polnareff und Françoise Hardy auch in französischer) Sprache artikulieren zu können, hatte ihre eigene Stimme wiedergefunden. Von da
an war es nur eine Frage der Zeit, bis sich auch der Beat (bzw.,
dem Sprachterminus der Siebziger entsprechend, die Rockmusik)
mit der deutschen Sprache versöhnte.

Rockmusik mit deutschen Texten – das schien lange Zeit
ein Widerspruch in sich zu sein. Ob die RATTLES und die LORDS in

Die »Neue Deutsche Welle« war ursprünglich ein Ableger des Punk, dessen musikalische Philosophie (»Lerne drei Akkorde und gründe eine Band«) vielerorts Jugendliche animierte, diese Devise in die Tat umzusetzen. Anfangs sangen deutsche Punker wie ihre britischen Vorbilder ausschließlich in englisch. Nun jedoch, im Zuge der wieder salonfähig gewordenen deutschen Texte, fanden sie nach und nach zu ihrer Sprache zurück. Das ging natürlich nicht von heute auf morgen – schließlich war es über mehr als ein ganzes Jahrzehnt verpönt, in der Muttersprache zu singen. »Als ich dann«, so schilderte Ende der Siebziger ein Mitglied der STRASSEN-JUNGS, ihres Zeichens ebenfalls Punker der ersten Stunde, seine Schwierigkeiten im Umgang mit der eigenen Sprache, »die ersten deutschen Texte gemacht habe, war das, als würde ich mich aus-ziehen. Irgendwo stehst du plötzlich nackt da: Jeder versteht jedes Wort, das du singst. In englisch kannst du doch singen, was du willst, da schert sich dann doch im Grunde genommen keiner darum, was du genau singst. Singst du aber in deutsch, kann dich jeder auf irgendeine Textzeile festnageln, das ist eben deine Sprache, die du sonst auch sprichst. Da liegt diese Hemmschwelle, die man überwinden muß.« (Nachzulesen in Winfried Longerichs *Bericht zur Standortbestimmung der Neuen Deutschen Welle*)

Die ersten Punker, die neben englisch- auch deutsch-sprachige Titel spielten, waren die aus Düsseldorf stammende For-mation MALE. Ähnlich wie die Pioniere von TON STEINE SCHERBEN verbanden sie ihre Musik mit ungeschminkt-agitatorischen Worten: »Die Jugend wird geformt / wie im alten Nazi-Land. / Von Fern-sehn, Presse, Geld / überall dasselbe Bild.« Songs wie dieser wurden jahrelang auf Tonbandkassetten und von unabhängigen, sprich, nicht von der Musikindustrie beherrschten Labels, verbreitet. Die großen Plattenfirmen hielten sich erstaunlich lange bedeckt – spätestens seit den Sechzigern hätten sie eigentlich gelernt haben müssen, daß sich neue musikalische Trends zunächst in kleinen, subkulturellen Zirkeln ankündigen.

Während die Gruppe MALE noch weitgehend unter Aus-schluß der breiten Öffentlichkeit musizierte, gelang einer anderen, ebenfalls aus Düsseldorf stammenden Gruppe mit deutsch gesunge-nen Titeln schließlich der Ausbruch aus dem Ghetto eingeweihter

den Sechzigern oder CAN, AMON DÜÜL, ATLANTIS und TANGERINE DREAM in den frühen Siebzigern – sie alle mieden die deutsche Sprache konsequent. Erste zaghafte Versuche, dieser Selbstbeschneidung zu entrinnen, unternahm 1969/1970 die Gruppe IHRE KINDER, die jedoch trotz einer meisterhaften LP (»Leere Hände«) und außerordentlich beeindruckenden Songs wie »Weißer Schnee, schwarze Nacht«, ein Insidertip blieb. Ebenfalls Pioniere in Sachen Deutsch-Rock waren TON STEINE SCHERBEN mit ihrem Sänger Rio Reiser. Sie kreierten schon in den frühen Siebzigern teils kämpferischen Polit-Agit-Pop (»Keine Macht für niemand«) und teils wunderbare, feinfühlige Balladen (»Komm, schlaf bei mir« oder »Halt dich an deiner Liebe fest«). Aufgrund eines steinharten Medien-Boykotts musizierten sie jedoch weitgehend unter Ausschluß der Öffentlichkeit. Vielversprechende Ansätze gab es zudem von Interpreten, die, wie die bayerischen SPARIFANKEL oder die schwäbischen SCHWOISFUSS, ihre Texte in Mundart vortrugen. Vor allem der Mannheimerin Joy Fleming, die mit ihrem »Neckarbrückenblues« 1972 ein exzellentes Gesellenstück ablegte, prophezeiten viele eine große Karriere. In der Tat verfügt Joy über eine umwerfende Stimme, die weltweit ihresgleichen sucht. Aber leider blieb ihr hinreißender Song vom treulosen Liebhaber, den es »iwwer die Brigg zu där onnere« zieht, ein Einzelfall. Überwiegend verkauft sich die begnadete Sängerin seither als Disco-Mieze weit unter Wert und präsentiert auf ihren Platten stinklangweilige Songs mit nichtssagenden Texten. Es ist ein Jammer!

Der Interpret, der deutschsprachiger Rockmusik schließlich zum Durchbruch verhalf, war Udo Lindenberg. Auf seiner 1972 erschienenen ersten LP sang er zunächst noch in englisch. Die Folge-LP »Daumen im Wind« enthielt dann erstmals ausschließlich deutsch gesungene Songs, war aber lediglich im Sendebereich des NDR von regionaler Bedeutung. Mit den Songs seines dritten Albums, »Alles klar auf der Andrea Doria«, fanden sich schließlich, mehr noch als bei Reinhard Mey, sowohl die mittlerweile erwachsen gewordene Beat-Generation als auch jugendliche Musikfans angesprochen. Udo Lindenberg spielte Rockmusik und sang dazu, wie ihm der Schnabel gewachsen war – so, als sei das die normal-

ste Sache der Welt. Im schnoddrigen Keller-Jargon erzählte er aus
seinem Leben, und sang über »fremde Betten und heiße Lieder /
und abends 'nen Korn gegen's Lampenfieber«. Seine Themen
waren das Trampen (»Nun steh ich wieder an der Autobahn und
halt den Daumen im Wind«), Liebe zwischen Ost und West (»Stell
dir vor, du kommst nach Ost-Berlin, / und da triffst du ein ganz
heißes Mädchen ...«) oder Alltägliches aus dem Leben einer Rock
'n' Roll-Band (»Als wir das letzte Mal mit unserer Band hier waren, /
standst du da unten im Saal, / und ich sang gerade unseren
Hammer-Hit / zum hundertundfünfzigsten Mal ...«). Er kreierte so
begnadete Textzeilen wie »Bei Onkel Pö spielt 'ne Rentnerband /
seit zwanzig Jahren Dixieland. / 'n Groupie ham' die auch, die heißt
Rosa oder so, / und die tanzt auf 'm Tisch wie ein Go go-Girl« und
sang ungeniert von Sex jenseits von Konvention und Norm, einfach
so, wie's beliebt (»... und warum auch nicht, es ist doch ganz egal,
ob Du ein Junge oder 'n Mädchen bist«). In seinem Album »Ball
Pompös« nahm er Nostalgiker spitz und schnippisch auf die
Schippe (»Rudi Ratlos heißt der Geiger, / er streicht uns grad 'nen

97

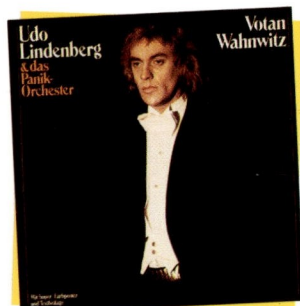

Evergreen. / Er ist achtzig, hat zittrige Finger / und ist schon ganz weich in den Knien ...«) und coverte hinreißend Marlene Dietrichs »Ich bin von Kopf bis Fuß auf Liebe eingestellt«. Sein Song »Cow-boy-Rocker« erzählte, unterstützt von der deutschen Synchron-stimme Charles Bronsons, die atemberaubende Kino-Posse eines jugendlichen Bronson-Bewunderers, der nach dem Ende des Films so »gerne noch in Arizona geblieben« wäre: »... und dann geht er ganz dicht an den Schaufenstern entlang / und überprüft darin seinen Cowboygang. / Dann setzt er sich auf sein Pferd aus Stahl / – und jetzt hört er die Stimme von Charles noch mal: / Hey Mann, fahr zu deiner Rockerclique und sag der Alten, daß du sie jetzt haben willst!«.

In solchen Textzeilen spiegelte sich ein Lebensgefühl wider, das mit dem Mief der Nachkriegsära nichts mehr gemein hatte. Udo Lindenbergs Verse paßten nicht in das Deutschland der alten und neuen Nazis, das Deutschland der Gartenzwergidylle und der »Wir-sind-wieder-wer«-Generation, die »von allem nichts ge-wußt« haben wollte. Lindenberg verband nichts mit den Kiesingers, Lübkes, Barzels, und wie sie alle hießen. Er stand für das Deutsch-land Heinrich Heines und Willy Brandts, für das Deutschland der Jeans- und Pulliträger, der Langhaarigen und der in »wilder Ehe« Lebenden, der Anti-NPD-Demonstranten und der Leser von Casta-neda, Simone de Bouvoir und von Alexander Neills Summerhill-Buch. Udo Lindenberg war eine Art Sprachrohr des »anderen Deutschlands«.

Der Anfang war gemacht. Schon wenige Monate nach Lindenbergs Durchbruch mit »Alles klar auf der Andrea Doria« und »Ball Pompös« landete eine weitere deutschsprachige LP in den Charts: Die Düsseldorfer Formation KRAFTWERK hatte zuvor zwar im europäischen Ausland und in den Staaten massenweise Platten verkauft, in ihrer Heimat war sie jedoch als »Krautrocker« bestenfalls milde belächelt worden. Der *Spiegel* schalt ihren Sound »Futuristen-kitsch«, das Musikmagazin *Sounds* fand ihre »süße Monotonie« »ziemlich unerträglich«. Ganz anders urteilte die internationale Presse: »Sie haben«, so war in der US-amerikanischen Musik-presse zu lesen, »die Seele der modernen Menschen gefunden und mit einer Humanität ausgestattet, die den meisten ihrer Imitatoren verborgen« blieb, und seien »eine der außergewöhnlichsten Gruppen, die jemals Pop-Ruhm« erlangten.

Ihre vierte LP »Autobahn«, von der Plattenfirma für ganze 5000 DM eingekauft, wurde 1974 zum größten internationalen Triumph von KRAFTWERK. Das bis dahin in Deutschland nur mäßig beachtete Album, eine Verbindung von synthetischem Elektronik-Sound mit deutschem Minimal-Text (»Die Fahrbahn ist ein graues Band. / Weiße Streifen, grüner Rand. / Jetzt schalten wir das Radio an, / aus dem Lautsprecher klingt es dann: Wir fahrn, fahrn, fahrn, auf der Autobahn ...«), fand in den Staaten mehrere Hundert-tausend Käufer. Da endlich widerlegten die deutschen Musikfans die alte Weisheit vom Propheten, der im eigenen Land nichts gelte und erwärmten sich ihrerseits für KRAFTWERK: Nach langem Umweg über den halben Globus hievten sie »Autobahn« endlich auch in die deutschen Charts. In der *Musikmarkt*-LP-Liste von 1975 rangierte das Album schließlich auf Platz 18.

Am Ende der Siebziger bot sich so ein völlig anderes Bild als noch am Ende der Sechziger. Mit Reinhard Mey, Udo Linden-berg und KRAFTWERK war endlich, endlich Bewegung in Deutsch-lands Musikszene gekommen. Man durfte mit Recht gespannt sein, was die Zukunft bringen würde.

1970

Deutsche Hits
Deutschsprachige Titel unter den 20 meistverkauften Singles und LPs

Singles:

Peter Maffay: Du 2

Roy Black: Dein schönstes Geschenk 4

Chris Roberts: Ein Mädchen nach Maß 11

Michael Holm: Barfuß im Regen 20

LPs:

Udo Jürgens: Udo '70 1

Heintje: Ich sing ein Lied für dich 13

Peter Alexander: Im Land der Lieder 14

1971

Deutsche Hits
Deutschsprachige Titel unter den 20 meistverkauften Singles und LPs

Singles:

Roy Black: Für dich allein 4

Wolfgang: Abraham 6

Tony Marshall: Schöne Maid 9

Peter Alexander: Hier ist ein Mensch 10

Ulli Martin: Monika 11

Heintje: Schneeglöckchen im Februar 12

Chris Roberts: Ich bin verliebt in die Liebe 14

Roy Black und Anita: Schön ist es, auf der Welt zu sein 15

Marianne Rosenberg: Fremder Mann 17

LPs:

Peter Alexander: Mein Geschenk für dich 7

Heintje: Herzlichst 10

Heino: Seine großen Erfolge 1 11

Peter Alexander: Stars in Gold 18

Udo Jürgens: Udo '71 19

Reinhard Mey: live 20

1972

Deutsche Hits
Deutschsprachige Titel unter den 20 meistverkauften Singles und LPs

Singles:

Tony Marshall: Komm, gib mir deine Hand 1

Toni Marshall: Schöne Maid 4

Bata Illic: Michaela 5

Christian Anders: Es fährt ein Zug nach nirgendwo 6

Mouth & MacNeal: Hello-A 7

Jürgen Marcus: Eine neue Liebe ist wie ein neues Leben 10

Vicky: Ich hab die Liebe gesehn 15

Juliane Werding: Am Tag, als Conny Kramer starb 16

Ulli Martin: Ich träume mit offenen Augen von dir 17

Daisy Door: Du lebst in deiner Welt 19

LPs:

Tony Marshall: Schöne Maid 2

Reinhard Mey: live 6

Reinhard Mey: Ich bin aus jenem Holze 8

Heino: Seine großen Erfolge 2 12

Daliah Lavi: Willst du mit mir gehn 16

1973

Deutsche Hits
Deutschsprachige Titel unter den 20 meistverkauften Singles und LPs

Singles:

Demis Roussos: Goodbye my love, goodbye 1

Bernd Clüver: Der Junge mit der Mundharmonika 5

Wum: Ich wünsch mir 'ne kleine Miezekatze 7

Freddy Breck: Bianca 8

Freddy Breck: Rote Rosen 13

Cindy und Bert: Immer wieder sonntags 15

Vicky Leandros: Die Bouzouki klang durch die Sommernacht 17

Julio Iglesias: Wenn ein Schiff vorüberfährt 20

LPs:

Heino: Seine großen Erfolge 3 1

Otto: live im Audimax Hamburg 8

Reinhard Mey: Mein achtel Lorbeerblatt 10

1974

Deutsche Hits
Deutschsprachige Titel unter den 20 meistverkauften Singles und LPs

Singles:

Vicky: Theo, wir fahrn nach Lodz 3

Chris Roberts: Du kannst nicht immer 17 sein 11

Bruce Low: Das Kartenspiel 13

Gunter Gabriel: Hey Boß, ich brauch mehr Geld 15

Nina und Mike: Fahrende Musikanten 20

LPs:

Heino: Seine großen Erfolge 4 4

Otto: Otto 2 6

Vicky Leandros: Meine Freunde sind die Träume 9

Mireille Mathieu: mm 11

Reinhard Mey: Wie vor Jahr und Tag 15

1975

Deutsche Hits
Deutschsprachige Titel unter den 20 meistverkauften Singles und LPs

Singles:

Udo Jürgens: Griechischer Wein 2

Howard Carpendale: Deine Spuren im Sand 6

Katja Ebstein: Es war einmal ein Jäger 9

Demis Roussos: Schön wie Mona Lisa 10

Frank Zander: Ich trink auf dein Wohl, Marie 12

Jürgen Marcus: Ein Lied zieht hinaus in die Welt 13

Michael Holm: Tränen lügen nicht 17

LPs:

Udo Jürgens: Meine Lieder 5

Udo Lindenberg: Ball Pompös 6

Udo Lindenberg: Votan Wahnwitz 17

Kraftwerk: Autobahn 18

1976

Deutsche Hits
Deutschsprachige Titel unter den 20 meistverkauften Singles und LPs

Singles:

Peter Alexander: Die kleine Kneipe 1

Nico Haag: Schmidtchen Schleicher 3

Frank Farian: Rocky 5

Jürgen Drews: Ein Bett im Kornfeld 9

Marianne Rosenberg: Lieder der Nacht 12

Udo Jürgens: Aber bitte mit Sahne 20

LPs:

Nana Mouskouri: Die Welt ist voll Licht 15

Heino: Seine großen Erfolge 5 16

1977

Deutsche Hits
Deutschsprachige Titel unter den 20 meistverkauften Singles und LPs

Singles:

Frank Zander: Oh Susi 5

Costa Cordalis: Anita 15

Marianne Rosenberg: Marleen 19

LPs:

Frank Zander: Zanders Zorn 10

1978

Deutsche Hits
Deutschsprachige Titel unter den 20 meistverkauften Singles und LPs

Singles:

Vadder Abraham: Das Lied der Schlümpfe 1

Andrea Jürgens: Und dabei liebe ich euch beide 11

Gitti und Erica: Heidi 12

LPs:

Vadder Abraham und die Schlümpfe: Vadder Abraham 16

1979

Deutsche Hits
Deutschsprachige Titel unter den 20 meistverkauften Singles und LPs

Singles:

Peter Maffay: So bist du 1

Dschinghis Khan: Dschinghis Khan 6

Dschinghis Khan: Moskau 9

Peter Alexander: Und manchmal weinst du ein paar Tränen 11

Jonny Hill: Ruf Teddybär eins-vier 18

LPs:

Peter Maffay: Steppenwolf 6

Nina Hagen: Nina Hagen Band 19

80er Jahre

Da Da Da
Die achtziger Jahre

»Rangehn, rangehn, wenn du scharf bist, mußt du rangehn«. Meine
Wohngemeinschaft feierte eines ihrer stürmischen Feste, und ein
Freund des Hauses hatte eine neue LP mitgebracht. Eine schräge
Lady mit schwarzen Lippen und wilder Punker-Haartracht zierte das
Cover, darüber der Schriftzug NINA HAGEN BAND. Einmal aufgelegt,
schlug die Platte ein wie der Blitz und verwandelte unsere Party in Null-
kommanichts in einen wilden Hexenkessel. Songs wie das provokant-
lesbische »Auf 'm Bahnhof Zoo im Damenklo«, das lasziv-feministische
»Unbeschreiblich weiblich« und die Null-Bock-Hymne »Ich glotz TV«
rissen WG samt Gäste, bis dato vor allem auf die STONES und TON
STEINE SCHERBEN abonniert, vom ersten Ton an förmlich vom Hocker.
Es gab in der Folgezeit kaum eine Party ohne diese Scheibe.

      Bis Mitte der Siebziger war Nina Hagen in der DDR eine
populäre Schlagersängerin. Ihr erfolgreichster Hit stammte dort aus
dem Jahr 1973: »Du hast den Farbfilm vergessen« zählt zu den
witzigsten und mitreißendsten Songs jener Jahre. Daß im Westen
des Landes kaum ein Mensch Notiz davon nahm, ist mir noch
heute unverständlich. Als die staatlich geprüfte Schlagerdiva sich
1976 öffentlich mit Wolf Biermann, dem langjährigen Lebens-
gefährten ihrer Mutter, Eva Maria Hagen, solidarisierte, wurde sie
des Landes verwiesen und ließ sich daraufhin in West-Berlin nieder.
Die in schwarz und rosa gehaltene LP, die WG und Gäste so sehr
faszinierte, war ihre erste Veröffentlichung im Westen. Nina und ihre
Mannen kreierten einen Stil ironisch überdrehter Rockmusik, wie es
ihn zuvor in Deutschland noch nie gegeben hatte. Ihr Erscheinungsbild machte starke Anleihen beim Punk, jener sich in den
Siebzigern herausbildenden kulturellen Bewegung, die in ihren
Ursprüngen Anarchie und Häßlichkeit zur obersten Maxime erhob.
An der Wende zu den Achtzigern hatte Punk jedoch im Zuge einer
marktgerechten Aufbereitung längst seine Aufsässigkeit eingebüßt.

Was blieb, war die Fassade: Gefärbte Haare, Irokesenhaarschnitt und Ratten als Kosetiere.

WG und Gäste waren mit ihrer Begeisterung nicht alleine. »Nina ist«, so jubelte etwa Alice Schwarzer, »schon jetzt Stars wie Pattie Smith oder Lisa Minnelli ebenbürtig.« »Wo andere Mühe hätten, die sperrige deutsche Sprache überhaupt in den Rhythmus des angelsächsischen Rock 'n' Roll einzupassen«, so staunte der *Stern*, »bleibt ihr noch die Kehle für Koloratureinlagen in Alt, melodische Kiekser und parodierende Kellerfahrten.« Auch in Italien schnellte Nina an die Spitze der Charts und der britische *Melody Maker* spekulierte: »Wird aus Nina Hagen Deutschlands populärster Beitrag zur Pop-Kultur seit Brecht?«

Udo Lindenbergs schnodderiger Alltagsjargon, die musikalische Experimentierfreudigkeit von KRAFTWERK und Nina Hagens Anleihen beim Punk – diese drei Faktoren waren es, die in den Achtzigern einen neuen, eigenständigen und vom angloamerikanischen Mainstream unabhängigen Musikstil heranreifen ließen: Die »Neue Deutsche Welle«, kurz: NDW.

Insider: Die FEHLFARBEN, auch sie ursprünglich ganz dem originä-
ren Punk verschrieben, ließen mehr und mehr artfremde Elemente
der Pop-Musik in ihre Musik einfließen. Eine selbstproduzierte
Single (»Große Liebe«) ging weg wie warme Semmeln, und dieser
kommerzielle Erfolg rief dann endlich auch die EMI (ehemals ELEC-
TROLA) auf den Plan: Sie nahmen FEHLFARBEN unter Vertrag und
veröffentlichten deren erste LP. Die Herrschaften der EMI bewiesen
damit einen guten Riecher: »Monarchie und Alltag«, so der Titel des
FEHLFARBEN-Debüts, verkaufte sich innerhalb weniger Wochen
20000mal und hielt als erste NDW-Platte Einzug in die deutsche
Verkaufshitparade. Mehr noch: Die ausgekoppelte Single »Ein Jahr
– Es geht voran« (»Keine Atempause / Geschichte wird gemacht /
Es geht voran!«) entwickelte sich binnen kürzetser Zeit zur NDW-
Hymne schlechthin und wurde gar zu einem ausgemachten
Diskotheken-Renner.

    »Berge erfrieren / Schuld hat der Präsident / Es geht
voran« – ein krasserer Gegensatz zur bunten und heilen Welt, wie
sie noch wenige Jahre zuvor Chris Roberts und Costa Cordalis
besungen hatten, scheint kaum denkbar. FEHLFARBEN stellten der
Schlagerseeligkeit ein apokalyptisches Szenario entgegen. Das
Bild der »erfrierenden Berge« fand sich in einer Unmenge weiterer
NDW-Titel: »Eiszeit«, so textete Annette Humpe, »mit mir beginnt
die Eiszeit. / Im Labyrinth der Eiszeit / minus neunzig Grad.«
Stephan Eicher, Sänger der Gruppe GRAUZONE, formulierte zum
nervenzermürbenden Monoton-Sound »Ich möchte ein Eisbär sein,
/ im kalten Polar. / Dann müßte ich nicht mehr schrein, / alles wär
so klar« und selbst Peter Maffay wollte nicht abseits stehen und
reimte »Die Wolken sind so rot, / und wo einst die Wüste war, /
gähnt nur noch ein schwarzes Loch, / und der letzte Mensch bittet
um den Tod: / Eiszeit, Eiszeit, / wenn die Meere untergehn / und
die Erde bricht«. »Sicherheitsnotsignale«, so umschrieb Joachim
Witt das Lebensgefühl der frühen Achtziger in seinem »Goldenen
Reiter«, einem der eigenwilligsten und zugleich erfolgreichsten
NDW-Titel, »lebensbedrohliche Schizophrenie, / neue Behand-
lungszentren bekämpfen die wirklichen Ursachen nie«. Purple
Schulz und die NEUE HEIMAT schließlich formulierten ihr Unbehagen am real existierenden Alltag mit so verzweifelten Worten

wie: »Ich hab Heimweh, / Fernweh, / Sehnsucht, / – ich weiß nicht, was es ist. / Ich will nur fort / ganz weit fort. / Ich will raus!«

Solche Zeilen trafen ins Zentrum des Zeitgeistes der frühen Achtziger: Von der Fortschrittsgläubigkeit, die die Menschen in den Siebzigern noch so ungebrochen beseelt hatte, war an der Schwelle zum neuen Jahrzehnt kaum etwas übriggeblieben. In Bonn hatte die SPD, die 1969 die Macht mit dem Versprechen »mehr Demokratie zu wagen« übernommen hatte, Berufsverbote, eine nie gekannte Aufrüstung der Polizei und massenweise Verschärfung des Strafrechts in Form von zahlreichen Sonderparagraphen erwirkt – ein Triumph des Law and Order-Konservatismus ohnegleichen. Statt wie einst von einem strahlenden Sympathieträger, wurden die Regierungsgeschäfte seit 1974 mit Helmut Schmidt von einem Technokraten gelenkt, dem jede gesellschaftliche Utopie mindestens genauso fremd war wie seinen Vorgängern Erhardt und Kiesinger. Waren 1972 anläßlich des von Barzel initiierten Mißtrauensvotums gegen Brandt noch Hunderttausende für »Willy« auf die Straße gegangen, so mobilisierte der Übergang von Schmidt zu Kohl 1982 keinen einzigen Demonstrationszug mehr. Die Übernahme der Regierung durch die CDU wurde eher als Kontinuität denn als Bruch mit der Politik Helmut Schmidts empfunden. Die Brandt-Anhänger von einst kümmerte es kaum, ob eine Politik, die auf Sonderparagraphen und Ausbau der Atomenergie setzte, nun von einem sozialdemokratischen oder einem konservativen Bundeskanzler getragen wurde.

An der Schwelle zu den siebziger Jahren herrschte in weiten Teilen der Bevölkerung noch ein unerschütterlicher Glauben an den gesellschaftlichen Fortschritt vor. Sozialdemokraten (»Wir schaffen das moderne Deutschland!«) und Liberale (»Wir schaffen die alten Zöpfe ab!«) waren als Garanten dieser Entwicklung angesehen worden. Nun, zu Beginn der Achtziger, war von dieser Fortschrittsgläubigkeit nichts mehr zu spüren. Neue Technologien, die zu Beginn der Siebziger noch Hoffnung auf eine bessere Welt erweckt hatten, dienten der Rasterfahndung und der Herstellung maschinenlesbarer Personalpapiere. Der Glaube an innovative Architektur war der Realität von Wohnsilos aus Beton gewichen, und auch die Hoffnung auf »saubere« nukleare Energiegewinnung erwies sich seit dem Fast-Gau im US-amerikanischen Harrisburg als veraltet. Schien eine Dekade lang politisch alles machbar und technologisch beherrschbar, so war dieser Traum nunmehr ausgeträumt. Was blieb, war ein Vakuum ohne Utopien, ohne Perspektiven und bar jeder Illusion. Solch ein Vakuum erzeugte Angst. Angst vor dem atomaren Gau, Angst vor der Bombe – kurz: Angst vor der Zukunft. So drückten es auch die FEHLFARBEN in einem ihrer beklemmendsten Titel aus: »Angst, junger Mann, auf die Straße zu gehn. / Angst, junge Frau, um diese Zeit allein im Dunkeln zu stehn«

Der Abschied von der Fortschrittsgläubigkeit hatte letztlich allerdings auch eine positive Begleiterscheinung: In den Siebzigern mußte jeder, der auf irgendeine Weise als *in* gelten wollte, seine fortschrittliche Gesinnung auf Schritt und Tritt vor sich hertragen. Böll und Grass waren politisch korrekt, also *in*, Simmel und andere Produzenten unterhaltsamer Literatur hingegen wurden gescholten, die bestehenden Verhältnisse zu vernebeln und waren folglich *out*. Ähnliches galt für Film, Theater und natürlich auch den Bereich der Musik. Fortschrittliche Menschen hörten den rebellischen Zappa, den gesellschaftskritischen Dylan und den bewußtseinserweiternden Sphären-Sound von PINK FLOYD, nur die »Doofen« lauschten Rosenberg und Maffay. Damit war nun Schluß. Die Achtziger erlaubten wieder einen eher spielerischen Umgang mit kulturellen Ausdrucksformen, die sich selbst genügten. In Kinos und Theaterhäusern, ehedem der Vermittlung gesellschaftlichen Bewußtseins dienende Stätten, durfte man sich wieder guten Gewissens amüsieren, und auch musikalisch sah man alles nicht mehr ganz so streng. Was in den Siebzigern eine unverzeihliche Grenzüberschreitung gewesen wäre, das fand nun niemand mehr ehrenrührig: Interpreten, die lgemeinhin ernst genommen wurden, spielten mit der Banalität des Schlagers – und das mit Lust und Wonne. Nina Hagen machte den Anfang und coverte einen Rita Pavone-Hit aus den Sixties: »Wenn ich ein Junge wär, dann wüßte ich so gut, / was so ein junger Boy aus lauter Liebe tut.« Eine ebenfalls aus Berlin stammende »Tanzcombo« namens IDEAL tat es ihr gleich und übernahm einen alten Schlager von Nora Nova: »Männer gibt's wie Sand am Meer, / es werden täglich immer mehr. / Drum wein' ich dir nicht hinterher, / denn Männer gibt's wie Sand

am Meer.« Der Song begeisterte Anfang 1980 scharenweise Leute,
die sich noch wenige Monate zuvor mit Schrecken vor solcherart
»banalen« Reimen abgewandt hätten. Eine selbstproduzierte Single
mit diesem Titel avancierte gar zum lokalen Bestseller. Dabei war
»Männer gibt's wie Sand am Meer« nur die B-Seite der Platte. Die
A-Seite »(Wir stehn auf) Berlin« erfreute sich noch weit größerer
Beliebtheit und avancierte in der damaligen Mauerstadt zur vermutlich meistgespielten Single des Jahres.

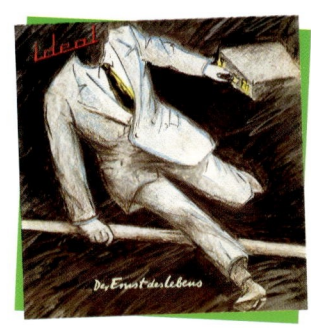

      Mehr noch: Nachdem IDEAL bei einem spektakulären Mo-
numental-Konzert der britischen Gruppe BARCLAY JAMES HARVEST
vor dem Reichstag als Vorgruppe aufgetreten waren, gelang ihnen
der überregionale Durchbruch. Sowohl die *Tagesschau* als auch
heute zeigten in ihren Berichten nicht die eigentlichen Stars des
Abends, sondern die ihnen offensichtlich origineller erscheinende
IDEAL-Truppe. Die kurz nach diesem Auftritt auf einem Mini-Label
erschienene Langspielplatte mit dem Titel »Ideal« verkaufte sich
danach ohne jeden Werbeaufwand mehr als eine halbe millionmal –
bis zu diesem Zeitpunkt war das der größte Verkaufserfolg einer LP
in deutscher Sprache.

      Viele Titel von IDEAL lehnten sich an Vorbilder aus dem
Bereich des Schlagers an, unterschieden sich jedoch von ihnen
deutlich durch eine gehörige Portion Selbstironie. Einer ihrer witzigsten Songs erinnerte stark an einen Sixties-Hit von Pepino di Capri,
»Melancholie«. Pepino reimte damals, unterlegt von traurigen Moll-
Klängen, in gewohnter Schlager-Manier: »Melancholie im September, / das ist alles, was mir blieb von dir. / Die Melodie im September / ist ein letzter Gruß von dir.« Anders IDEAL, bei ihnen
stand die moll-lastige Melodieführung im Kontrast zur subtilen Ironie
des Textes: »Monotonie in der Südsee, / Melancholie bei dreißig
Grad. / Monotonie unter Palmen, / Silvester auf Tahiti, Heiligabend
auf Hawaii.« Scheinbar naiv nimmt der Song eine Art von Fern-
tourismus aufs Korn, der vor allem dem Renommee seiner Akteure
dient: Urlaub als prestigeträchtige Unternehmung, für die kein Flug
zu weit ist (»Ich flieg nach Tel Aviv / zum Minimaltarif.«) und kein Ziel
zu exotisch (»Ich flieg nach Babylon, / Hotel mit Vollpension.«). Die
gekonnte Verballhornung des Originals steht in bester Tradition von
Liedern wie beispielsweise Bill Ramseys »Zuckerpuppe aus der

Bauchtanztruppe«, mit der er in den frühen Sechzigern die Soraya-Begeisterung der Deutschen karikierte. (»Elfrieda, Elfrieda! rief ich durch den Saal. / Denn die Zuckerpuppe aus der Bauchtanztruppe kannte ich aus Wuppertal.«)

Es durfte – trotz Harrisburg und Angst vor dem Super-Gau, trotz Aids und atomarem Wettrüsten – wieder gelacht werden in Deutschland. Jede Menge NDW-Songs boten hierzu Gelegenheit, und es verwundert nicht, daß weniger die apokalyptischen Titel à la FEHLFARBEN als vielmehr die eher spaßigen Songs in den Bestsellerlisten ganz oben rangierten. Zum Beispiel »Da da da« von der aus Großkneten in Ostfriesland stammenden Gruppe TRIO, vermutlich sowohl das Bekloppteste als auch das Genialste, was jene Dekade musikalisch hervorbrachte: »Aha aha aha / Was ist los mit dir, mein Schatz? / Aha / Geht es immer nur bergab? / Aha / Geht nur das, was du verstehst? / Aha / This is what you got to know. / Loved you so, it didn't show. / Ich lieb dich nicht, du liebst mich nicht. / Ich lieb dich nicht, du liebst mich nicht. / da da da.« Diese grotesk-nihilistischen Zeilen wurden bei Auftritten von TRIO adäquat präsentiert: Der Sänger blickte gleichermaßen deppert wie bedeutungsschwanger in die Kamera, der Gitarrist zog sich beim Solo seine ostfriesische Wollmütze über den Kopf und der Drummer schwenkte, anstatt synchron zum Playback zu trommeln, unschuldig dreinguckend ein kleines Fähnlein. Das Publikum indes fühlte sich keineswegs verschaukelt, feierte die drei begeistert und erkor sie zu seinen absoluten Lieblingen. Und »Da da da« war alles andere als eine Eintagsfliege, TRIO hatte auch sonst noch eine Menge zu bieten: Die B-Seite zum Beispiel, »Sabine Sabine Sabine«, ein nächtliches Telefongespräch zwischen einem unter sexuellem Notstand leidenden Herrn und einer Dame, die ihn reichlich brüsk auflaufen läßt, war auch nicht ohne. Ähnlich die Folgesingle »Anna laß mich rein, laß mich raus« oder das heimelige »Turaluralu-ralu, ich mach bubu, was machst du?« Allzu lange allerdings ließ sich diese Masche nicht stricken, zwei Jahre nach »Da da da« löste sich die Gruppe konsequenterweise auf. Sänger Stephan Remmler versucht es seither als Solist mit einer Mischung aus Schlager und Schlagerparodie. Mit Titeln wie dem treudoof-naiven »Keine Sterne in Athen« (1986) und dem lyrischen »Vogel der

Nacht« (1987) gelangen ihm weitere eindrucksvolle Top-Hits. Seine
letzte Plazierung im Spitzenfeld der Charts konnte er 1988 mit
einem Titel verzeichnen, wie ihn der lausbübische Tausendsassa
Peter Alexander in seinen besten Tagen nicht gekonnter hätte ser-
vieren können: »Keine Angst, hat der Papa mir gesagt, keine Angst,
hat die Mama mir gesagt.«

        Unter dem Sammelbegriff NDW vereinten sich in den
frühen Achtzigern musikalische Darbietungen unterschiedlichster
Provenienz. Die aus der bayerischen Metropole stammende
SPIDER MURPHY GANG spielte astreinen Rock 'n' Roll und sang
dazu allerlei Unziemlichkeiten über Peepshows und Straßenstrich:
»In München steht ein Hofbräuhaus, / doch Freudenhäuser müssen
raus, / damit in dieser schönen Stadt / das Laster keine Chance
hat. / Doch jeder ist gut informiert, / weil Rosie täglich inseriert. /
Und wenn dich deine Frau nicht liebt: / Wie gut, daß es die Rosie
gibt. / Und draußen vor der großen Stadt / stehn die Nutten sich
die Füße platt ...« (1982). ANDREAS DORAU UND DIE MARINAS waren
mit einem bewußt dilettantisch und ziemlich falsch gesungenen

113

Schlager dabei: »Fred vom Jupiter«; die Geschichte eines Außerirdischen, überzeugte 1982 ähnlich wie in den späten Fünfzigern Bill Ramseys »Tumba Wumba Schokoladeneisverkäufer«. (»Er hatte gold'nes Haar, / das glänzte wunderbar, / sein Blick, der war so scharf, a-ha! / Er war sehr attraktiv und auch sehr muskulös, / er war ein Traum von einem Mann: / Fred vom Jupiter, Fred vom Jupiter, / der Schwarm aller Frau'n, du machst mich schwach ...«) Von »Codo«, seines Zeichens ebenfalls ein Außerirdischer, erzählte 1983 die Gruppe DÖF (was ausgeschrieben Deutsch-Österreichisches Feingefühl bedeutete) in einem der witzigsten, einfallsreichsten und originellsten NDW-Songs: »Und ich düse, düse, düse im Sauseschritt / und bring die Liebe mit, / auf meinem Himmelsritt. / Denn die Liebe, Liebe, Liebe, Liebe, die macht viel Spaß, / viel mehr Spaß als irgendwas.« UKW texteten in Anlehnung an Schlagerreime der zwanziger Jahre »Ich bin ja so verschossen / in deine Sommersprossen. / Vom Kopf bis zu den Flossen / bist du voll Sommersprossen ...«. Marianne Rosenberg, die als einzige Schlagergröße der Siebziger fröhlich auf der Neuen Welle schwamm, reimte im Duett mit Kai Havaii von EXTRABREIT: »Mir stehn die Haare zu Berge, / und mein Blut stürzt total. / Wir beide sind das Duo Infernal.« Spliff machten munter auf Humbug und tönten »Da fliegt dir doch das Blech weg«. Hubert Kah besang mit Herz/Schmerz und Liebe/Triebe-Reimen den »Sternenhimmel«: »Mit dir in der Südsee stehn, / in den Abendhimmel sehn. / Wo guter Mond am Firmament / spürt, wie meine Sehnsucht brennt.« Frl. Menke schmachtete voller Hingabe ihren »Traumboy« an: »Traumboy, ich bin so einsam, / Traumboy, ich bin so allein.« Und IXI setzte in ihrem »Knutschfleck« noch eins drauf und piepste: »Du – darfst mich entführen in der Nacht, / du – dann machen wir 'ne Kissenschlacht. / Du – darfst mich auf die Backe schmatzen, / du – mich jucken und mich kratzen. / Du darfst alles, was du willst, / nur eins, das nicht. Mach mir doch kein Knutschfleck, / alles, nur kein Knutschfleck.« – Keine Frage: Schlagermusik feierte in den Zeiten der Neuen Deutschen Welle ein glorreiches Comeback.

Schon bald fiel ein bis dato unumstößliches Tabu: Noch in den frühen Achtzigern herrschte unter Musikern, die ernst genommen werden wollten, der eherne Grundsatz, nicht gemeinsam

mit »Schlagerfuzzis« in Dieter Thomas Hecks *Hitparade* aufzutreten.
Selbst die »Tanzkapelle« IDEAL scheute den Contest des ZDF noch
beharrlich. Die ersten, die sich über derlei Bedenken hinwegsetz-
ten, waren TRIO. Ihr Debüt bei Heck mit »Da da da« ließ die alt-
gediente Schlagergarde von Rex Gildo bis Juliane Werding mit
einmall alt aussehen, der Titel wurde vom Publikum souverän auf
den ersten Platz gehievt. Von da an plazierten sich bis 1984 Monat
für Monat fast ausschließlich NDW-Titel als *Hitparaden*-Sieger. Nicht
ohne Grund: SPIDER MURPHYS »Schickeria« war einfach origineller

als etwa »Das ewige Feuer« von Tommy Steiner, Peter Schillings
»Major Tom« entsprach weit mehr dem Zeitgeist als Howard Car-
pendales »Hello again«, UKW präsentierten ihre »Sommersprossen«
weit pfiffiger als Roland Kaiser sein »Es kann der Frömmste nicht in
Frieden leben« und GEIER STURZFLUGS »Bruttosozialprodukt«, ein
neu frisierter Song aus den Siebzigern, ursprünglich veröffentlicht
auf einer LP, die für die spätere *taz* warb und in der alternativen
Szene seit Jahren als Renner galt, war ganz einfach hundertmal
besser als Roger Whitakers »Abschied ist ein scharfes Schwert«.
Und so wundert es nicht, daß sich deutsche Schlager traditioneller
Machart nach wie vor nur vereinzelt in den Bestsellerlisten tummel-

ten: Nicole etwa, ein 17jähriges Mädchen, das zur Wanderklampfe
so einfältige Zeilen anstimmte wie »Ein bißchen Frieden, / ein
bißchen Sonne / für diese Erde, / auf der wir wohnen« und damit
doch tatsächlich das erste und bislang einzige Mal für Deutschland
den 1. Platz beim Grand Prix d'Eurovision holte. (Mir persönlich
gefiel wesentlich besser der als Erwiderung kreierte Titel der
Gruppe DAF: »Ein bißchen Krieg«.) Oder, und das war in der Tat
eine Überraschung: »Ich sterbe nicht noch mal« und »Jenseits von
Eden« von Nino de Angelo, einer Art Ziehsohn des in den

Sechzigern wegen nicht normgerechter sexueller Eskapaden
in Ungnade gefallenen Drafi Deutscher, der den Titel unter dem
Pseudonym MASQUERADE zugleich in einer englischen Fassung aufnahm. Beide Versionen des Titels teilten sich über Wochen Platz 1
und Platz 2 der Charts. Für Drafi bedeutete dies ein glorreiches
Comeback. Ob als Solist oder als Duett-Partner von Formationen
wie MIXED EMOTIONS – er mischte seither in der bundesdeutschen
Hitparade immer wieder kräftig mit.

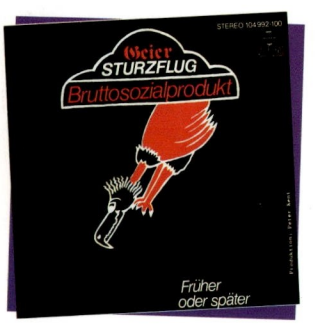

Die *ZDF-Hitparade* entwickelte sich dank der »Neuen Deutschen Schlagermusik« streckenweise zu einer richtig spannenden Sendung. Nachdem Herr Heck seinen Zuschauern über Jahre nur althergebrachte Schlagerkost aufgetischt hatte, konnte er nun allmonatlich mit den absoluten Top-Interpreten der Charts aufwarten. Die Sendung, die sich mehr und mehr nur noch an die reiferen Semester gewandt hatte, wurde zu NDW-Zeiten zunehmend auch für jugendliche Zuschauer wieder interessant. Monat für Monat gab es ein Wiedersehen mit Stars wie Peter Schilling und Hubert Kah, TRIO, der SPIDER MURPHY GANG und UKW. Herr Heck indes war nicht sonderlich glücklich über diese Entwicklung: Sein unumstößliches Credo, die in seiner Sendung vorgestellten Titel sollten ausschließlich »unterhalten und nicht die Welt verändern wollen«, wurde schließlich zunehmend erschüttert.

Einige neudeutsche Stars machten sich gar einen Scherz daraus, den Moderator der live ausgestrahlten Sendung an der Nase herumzuführen. Daß beispielsweise GEIER STURZFLUG bei der Präsentation ihres »Bruttosozialprodukt« die Zeile »... am Mittwoch kommt die Müllabfuhr und holt den ganzen Plunder« umtextete in »... am Mittwoch kommt die Müllabfuhr und holt sich einen runter«, das erboste ihn sehr. Zur Strafe wollte er verhindern, daß die bösen »Geier« ihren nächsten Titel, »Besuchen Sie Europa, solange es noch steht«, in seiner Sendung präsentieren durften, konnte sich mit diesem Ansinnen jedoch nicht durchsetzen. Statt dessen mußte er erleben, daß auch dieser Titel (»Wenn im Canale Grande U-Boote vor Anker gehn / und auf dem Petersplatz in Rom Raketenabschußrampen stehn ...«) auf Platz 1 gewählt wurde. Das war zuviel für Dieter Thomas Heck. Sein Ausscheiden aus der Sendung war nur noch eine Frage der Zeit: Seit Januar 1984 moderiert er vornehmlich Programme für das reifere Publikum (wie etwa die Samstagabend-Show *Musik liegt in der Luft* oder die *Pyramide*). Die *ZDF-Hitparade* wurde fürderhin von Victor Worms und später von Uwe Hübner moderiert. Beide waren deutlich weniger betagt und gottlob auch weniger ideologisch festgelegt.

Die Begeisterung der Teens für die neuen deutschen Interpreten zeigt sich auch in der von *Bravo* alljährlich veranstalteten »Otto«-Wahl: SPIDER MURPHY GANG wurden 1982 vor ABBA zur

Lieblingsgruppe der *Bravo*-Leser gewählt. Der 1998 bei einem Autounfall tödlich verunglückte Österreicher Falco, der zwischen 1982 und 1986 mit dem musikalischen Kinderreim »Der Kommissar« (»Alles klar, Herr Kommissar?«), der mitreißenden Mozart-Hommage »Rock me, Amadeus« und den wienerisch-morbiden Vergewaltigungs-Dramen »Jeanny Part 1« und »Jeanny Part 2« gleich ganze vier Nummer-1-Hits landete, bekam 1985 und 1986 den »Otto« in Gold zugesprochen. Eine allerdings stellte alle in den Schatten, das meistvergötterte Teenageridol der NDW-Ära – Nena.

Nena (eigentlich Susanne Gabriele Kerner) startete ihre Karriere mit ihrem ersten Fernsehauftritt. Sie und ihre Band präsentierten am 17. August 1982 im *Musikladen* der ARD ihre soeben erschienene erste Single »Nur geträumt«, ein ausgesprochen pfiffiges Liedchen voll spielerischer und respektloser Unbefangenheit. »Ich hab heute nichts versäumt, / denn ich hab nur von dir geträumt. / Wir ham' uns lang nicht mehr gesehn, / ich werd' mal zu dir rübergehn« – diese unkompliziert-lockeren Zeilen und das kecke, teils sexy und teils unschuldige Erscheinungsbild der Interpretin – all das wirkte glaubhaft und kontrastierte wohltuend mit anderen Interpreten, deren Auftritte im *Musikladen* oft einstudiert und steril wirkten. Unmittelbar nach der Sendung setzte ein Run auf die Plattenläden ein und »Nur geträumt« schnellte auf Platz 2 der Verkaufshitparade. Nena wurde im Nu zu dem, was in den Fünfzigern Conny und in den Sechzigern Manuela waren: Sie wurde zu *dem* weiblichen Teenie-Idol der achtziger Jahre. Kein anderer Star hatte bis dahin so viele *Bravo*-Titel geschmückt. Zwischen Heft 47/1982 und Heft 47/1984 war Deutschlands neuestes Fräuleinwunder dort sage und schreibe 26mal zu bewundern (und dabei bin ich mir nicht einmal hundertprozentig sicher, ob mir nicht der eine oder andere weitere Nena-Titel aus dieser Zeit entgangen ist).

Nenas Plattenfirma, die die Single »Nur geträumt« zunächst als eine Art Versuchsballon gestartet hatte, war hoch zufrieden und gab ihrem neuen Schützling grünes Licht für die erste LP – die dann prompt einschlug wie der Blitz. Die daraus ausgekoppelte Single wurde zu Nenas größtem Hit: »99 Luftballons«, die Geschichte eines versehentlich ausgelösten Atomkrieges,

schnellte gleich nach Veröffentlichung auf Platz 1 und verkaufte sich
in Deutschland mehr als 500 000mal. Mehr noch: Nachdem das
Video zu diesem pazifistisch angehauchten Song in den USA im
Anschluß an den Anti-Atomfilm »The day after« ausgestrahlt wurde,
entdeckten die US-Amerikaner ihre Liebe zu Nena und katapul-
tierten den Song in der deutschen Originalfassung auch jenseits
des Atlantiks auf Platz 1 der Charts. In Großbritannien plazierte sich
eine englische Version (»99 red balloons«) auf Platz 2. Nena war
zum ersten internationalen Star der Neuen Deutschen Welle geworden. Der *Spiegel* nannte sie zutreffend »Deutschlands fröhlichsten
Exportartikel«.

     Bis zum Sommer 1985 war Nena Dauergast im Spitzen-
feld der deutschen Charts: Ob ihre Singles wie »Leuchtturm« und
»Irgendwie, irgendwo, irgendwann« oder ihre LPs wie »Fragezeichen« und »Feuer und Flamme« – Nena war auf Erfolg abonniert.
Doch so kometenhaft ihr Aufstieg war, so schnell stellten ihre Fans
sie auch wieder aufs Abstellgleis. Anders als in den Sechzigern, als
Vorgängerin Manuela noch acht Jahre in Folge den *Bravo*-»Otto«

überreicht bekam, war für Nena schon nach drei Jahren mehr oder minder alles gelaufen.

Mit ihr verschwanden nach und nach auch alle anderen Größen der Neuen Deutschen Welle von der Bildfläche – sie wurden zum Opfer einer allzu drastischen Vermarktungsstrategie der Plattenkonzerne. Nachdem es sich herumgesprochen hatte, daß deutsche Texte wieder *in* waren, nahm man seitens der Industrie so ziemlich alles unter Vertrag, was sich gerade anbot. Doch die Begeisterung der Plattenkäufer erlahmte angesichts solchen Überangebots schnell. 1982, zu »Hoch«-Zeiten der NDW, fanden sich unter den 20 Jahresbestsellern acht »neudeutsche« LPs und acht Singles. Nur zwei Jahre später, 1984, konnte sich keine einzige NDW-Single mehr plazieren und mit Nenas »Fragezeichen« schaffte gerade noch eine einzige »neudeutsche« LP den Sprung ins Spitzenfeld.

Trotz ihrer Kurzlebigkeit hinterließ die Neue Deutsche Welle deutliche Spuren. Mit den Songs von Nena, Falco, UKW oder IDEAL hatte es endlich wieder unkomplizierte Liedchen gegeben, für die sich auch die Hörer nicht mehr schämen mußten, die traditionell dem deutschen Schlager eher ablehnend gegenüberstanden. Interpreten wie den geschleckten CDU-Wahlkämpfer Howard Carpendale, den steifen und biederen Heino oder die pseudo-protestierende Katja Ebstein hatte stets eine Aura von dumpfer Spießigkeit umgeben. Mit Hubert Kah hingegen, der seinen »Sternenhimmel« im Nachthemd präsentierte, mit der SPIDER MURPHY GANG in ihren Krachledernen und mit GEIER STURZFLUG, die fröhliche Zeilen über masturbierende Müllmänner zum besten gaben, konnte sich das Gros der jungen Hörer ohne weiteres identifizieren.

Endlich gab es wieder attraktive deutsche Gassenhauer, die man ebenso spontan nach dem ersten Anhören mitpfeifen konnte wie einst Gittes »Cowboy« und Connys »Zwei kleine Italiener«. »Wir wollen die Leute einfach nur unterhalten. Wir wollen mit unserer Musik einen Gegenpol zum Alltagsärger schaffen« – ein solches Statement aus dem Munde von Hubert Kah hätte noch wenige Jahre zuvor unter zahlreichen Musikfans einen Aufschrei der Empörung provoziert. In den Achtzigern war man diesbezüglich

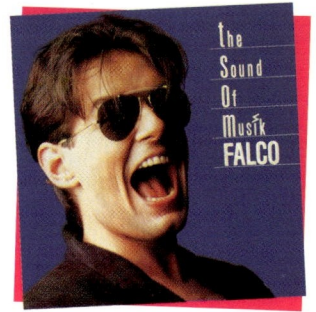

weniger streng – ohne deshalb gleich ins Fahrwasser all derer ab-
zugleiten, die meinten, Unterhaltungsmusik dürfe eben *nur* unterhalten. Im Gegenteil: In den Charts rangierten Songs unterschiedlichster Machart in friedlicher Koexistenz nebeneinander. Spaßige
Schmonzetten à la »Sternenhimmel«, naive Geniestreiche wie »Da
da da«, pazifistische Hits wie »Besuchen Sie Europa« und Gesellschaftskritik à la »Es geht voran« – die Neue Deutsche Welle hat all
das möglich gemacht. Ob Sommersprossen, Straßenstrich oder
Pershing 2: Worüber auch immer gesungen wurde – deutsche
Texte waren endlich wieder etwas »völlig Normales«. Und so wundert es nicht, daß sich auch nach dem Abebben der NDW jede
Menge in deutscher Sprache singende Stars sehr erfolgreich
behaupten konnten.

　　　　Ein Beispiel dafür ist Klaus Lage, der 1984 mit »1001
Nacht« einen der großen Hits des Jahres landete (»Tausendmal be-
rührt, / tausendmal ist nichts passiert. / 1001 Nacht / und es hat
Zoom gemacht«). Von da an zählte er in Deutschland für etliche
Jahre zu den beliebtesten einheimischen Interpreten, ob seiner
markanten Stimme wurde er oft »Deutschlands Antwort auf Joe
Cocker« genannt. Langfristig jedoch konnte er sich leider nicht im
Spitzenfeld behaupten. Seine Texte wurden vielfach als reichlich
bieder empfunden, und in der Tat stachen unter seinen Songs vor
allem die Titel hervor, die nicht aus seiner eigenen Feder stammten.
So etwa das von Wolf Biermann geschriebene »Irgendein Loch
braucht der Mensch doch« oder »Drei Engel« aus der Feder von
Wolfgang Niedecken, beides Titel aus seinem 1983 erschienenen
Album »Stadtstreicher«. Nach zwei »Goldenen« für seine LPs
»Schweißperlen« (1984) und »Heiße Spuren« (1985) und einer
Reihe weiterer Single-Hits, allen voran »Faust auf Faust«, das er
1985 für den Schimanski-Film »Zahn um Zahn« sang, wurde es
gegen Ende des Jahrzehnts um Klaus wieder reichlich still.

　　　　Ähnlich erging es der Ersten Allgemeinen Verunsicherung, kurz EAV. Das aus Österreich stammende Septett genoß in
seiner Heimat schon seit den Siebzigern Kult-Status. Anfangs kreierten sie eine Mischung aus Polit-Kabarett und linkem Agit-Pop.
Mit den Jahren wandten sie sich immer mehr intelligent gemachten
Spaßmacher-Schlagern zu. Damit gelang ihnen schließlich 1986

auch in Deutschland der Durchbruch. »Ba Ba Banküberfall«, »Mär-
chenprinz«, »Heiße Nächte in Palermo« und allen voran ihr erfolgreichster Song »Küß die Hand, schöne Frau« – all diese Titel knüpf-
ten ziemlich genau da an, wo in den Sechzigern Ralf Bendix mit
dem »Babysitter-Boogie« oder Caterina Valente und Silvio
Francesco mit ihrem »Itsy Bitsy Teenie Weenie Honolulu Strandbikini« aufgehört hatten. Der Austro-Pop-Formation gelang mit diesen Songs der Spagat zwischen Liebhabern und Gegnern von
Schlagermusik. Ihre mitunter subtil-ironischen Reime wie »An der
Copacabana und am Wörthersee, / braune Körper sind stets ok«
begeisterten die Fans der *ZDF-Hitparade* genauso wie eingeschwo-
rene Schlagergegner.

  Gitte, die 1963 als Siebzehnjährige »'nen Cowboy als
Mann« wollte, war seither nie ganz aus den Charts verschwunden.
Mehrere Jahre hindurch landete sie gemeinsam mit Rex Gildo Hits
wie »Vom Stadtpark die Laternen« (1963) und »Jetzt dreht die Welt
sich nur um dich« (1964). Danach ging sie wieder solo ins Studio
und nahm so schöne Songs auf wie »Man muß schließlich auch
mal nein sagen können« (1966), »Liebe ist doch kein Ringelreih'n«
(1967), »Junger Tag« (1973), »Ich hab die Liebe verspielt in Monte
Carlo« (1974) und »So schön kann doch kein Mann sein« (1975).
Nunmehr eine Frau in den Vierzigern, nahmen ihre Lieder mehr
und mehr chansonhafte Züge an. Überwiegend widmeten sie sich
einem Thema, das schon seit mehr als einem Jahrzehnt die Ge-
müter bewegte, die Emanzipation der Frau.

  So wenig die 68er-Bewegung auf der im traditionellen
Sinne politischen Ebene langfristig neu zu gestalten vermochte,
so einschneidend waren die Veränderungen, die sich seither im
Alltäglichen vollzogen. Vor allem die herkömmliche Rollenverteilung
zwischen Mann und Frau geriet radikal ins Wanken. Viele Frauen
nahmen eine ökonomische Abhängigkeit nicht mehr länger hin
und strebten weg von Kindern, Kirche und Küche, hin zum Ar-
beitsleben.

  1983, mehr als ein Jahrzehnt nach der Gründung des
»SDS-Weiberrates« und ein halbes Jahrzehnt nach Alice Schwar-
zers Kampfschrift »Der kleine Unterschied und seine großen
Folgen«, hielt nun mit Gittes Liedern das Thema Emanzipation

121

Eingang in die deutsche Schlagerwelt: »Ich sage nie mehr vielleicht, / ich schrei hinaus, was ich fühl / und setze alles aufs Spiel. / Ich will mehr, ich will alles. / Nie mehr bescheiden und stumm, / nie mehr betrogen und dumm, / nein: Ich will mehr, ich will alles!« Michael Kunze, der Gittes feministische Manifeste seinerzeit reimte, traf damit zeitgeistig ins Schwarze. »Nie mehr bescheiden und stumm, / nie mehr betrogen und dumm« – die Botschaft war klar: All die besungenen Bescheiden-, Stumm- und Dummheiten waren Konzessionen an eine patriarchalische Gesellschaft, die die weibliche Hälfte der Bevölkerung eine lange Menschheitsgeschichte hindurch in ökonomischer Abhängigkeit und Unselbständigkeit gehalten hatte. Damit war es nun im Schlager endlich vorbei: »Jetzt leb ich jeden Tag aus, / jetzt trink ich jedes Glas leer, / ich will nicht viel, ich will mehr! / Jetzt bin ich frei und will alles. / Ich will kein Zuschauer sein, / ich möchte selber was tun / und immer wissen, warum – / ich geb nicht nach, ich will alles. / Ich will alles, ich will alles, / und zwar sofort – / eh der letzte Traum in mir zu Staub verdorrt. / Ich will leben, will mich geben, / so wie ich bin, / und was mich kaputtmacht, nehm ich nicht mehr hin.« Da hatte der Texter seine Hausaufgaben bestens gemacht und in der Protestchronik der siebziger Jahre nach eingängigen Slogans geforscht. »Wir wollen alles«, so lautete einst die Losung des »Revolutionären Kampfes«, jener Frankfurter Hausbesetzer, zu denen auch Joschka Fischer zählte. Und die zweite Hälfte des Refrains (»und was mich kaputtmacht ...«) erinnerte ein bißchen an den Agit-Prop-Song von Ton Steine Scherben: »Macht kaputt, was euch kaputtmacht!« Wie dem auch sei: Das weibliche Geschlecht hatte in der stark männlich dominierten deutschen Pop-Musik der Nach-NDW-Phase in Gitte, die seither unter ihrem vollen Namen Gitte Haenning auftrat, eine verbal streitbare Protagonistin gefunden.

Noch eine andere Schlagergröße brach in den Achtzigern zu neuen Ufern auf: Peter Maffay. Seit den Erfolgen von »Du« und »Es war Sommer« der Schöpfer der beiden langlebigsten Schmusehits deutscher Sprache, hatte er bereits gegen Ende der Siebziger die Zeichen der Zeit erkannt. Während mit Chris Roberts und Bernd Clüver, mit Michael Holm, Jürgen Drews und all den anderen Schlagerhelden nach und nach die gesamte Garde der

Schlager-Zunft der siebziger Jahre abdanken mußte, trat Peter Maffay zum Sprung nach vorn an. Er sattelte vom Schlager auf Rock um, präsentierte auf seinen Alben überwiegend knallharte Songs, scharte die crème de la crème der deutschen (und mit John Mayall auch der internationalen) Musiker-Szene um sich und konzipierte mit ihnen eine rockige Bühnenshow allererster Güte. Kritiker und sich progressiv wähnende Rockfans rümpften unisono die Nase. Der »Rumpelbeat« seiner »Hippie-Kapelle aus der Muppet-Show«, so schalt der *Spiegel*, erzeuge ein »Biedermeier-Feeling des Stillstandes, und sein gigantischer Erfolg spiegelt die Zukunftsängste eines Publikums, das sich bei ihm in einem Reservat der Zeitlosigkeit von den Strapazen des Alltags erholt«.

Als er und seine Mannen im Vorprogramm der ROLLING STONES spielten, wurden sie zur Zielscheibe bitterer Schmährufe und leerer Bierdosen. Seinen Auftritt bei einer der großen Bonner Friedens-Demos kommentierten Rüstungsgegner mit dem Transparent: »Lieber Pershing 2 als Peter Maffay!« Weniger puristisch veranlagte Rockfans hingegen feierten Maffay als ein Idol ohnegleichen. Jahr für Jahr fanden sich seine gold- und platinveredelten Alben unter den meistverkauften LPs: »Steppenwolf« (1979, Platz 6 und 1980, Platz 20), »Revanche« (1981, Platz 4), »Ich will leben« (1982, Platz 7), »Carambolage« (1984, Platz 7), »Sonne in der Nacht« (1985, Platz 17) und »Lange Schatten« (1988, Platz 13). »So bist du«, eine Auskoppelung aus dem »Steppenwolf«-Album avancierte zur meistverkauften Single des Jahres 1979. Und auch in den neunziger Jahren konnte er seinen Triumphzug ungebrochen fortsetzen.

Peter Maffays Fans kommen aus allen Altersgruppen. Viele, die einst zu »Du« und »Es war Sommer« Stehblues tanzten, halten ihm bis heute die Treue. Aber auch junge Hörer, die zum Zeitpunkt, da diese Titel aus nahezu jeder Musikbox dröhnten, noch nicht geboren waren, stehen auf ihn. Maffays Erfolg ist weniger ein generationsspezifisches als ein schichtenspezifisches Phänomen. Auf seinen Konzerten trifft sich ein überwiegend männliches, erstaunlich oft adidas-Trainingsanzüge tragendes Publikum. Schon Stunden vor dem Auftritt ihres Idols bringt es sich mit »Jetzt gehts lo-hos!«-Rufen in Stimmung. Wer einmal bei einem seiner Konzerte

dabei war, der weiß: Peter Maffay ist der Star des »kleinen Man-
nes«. Seine Reime, so unbeholfen sie mitunter anmuten, spiegeln
des Malochers Sehnsucht nach Freiheit und Abenteuer: »Glaubt
mir«, so stimmt er in einem seiner Bekenner-Songs an, »solange ich
noch atme, / schlägt man mich nicht ungestraft. / Ich weiß ja,
Leben ist Kampf, / und den geb ich niemals auf.« »Ein ungekrönter
König«, so textet er in einem seiner typischen Underdog-Songs,
»warst du schon als Kind. / Mit Geld und Ellenbogen hast du dein
Ziel stets erreicht. / Und das, wofür andere kämpfen, kostet dich
nur ein Lächeln. / Nun willst du auch noch mein Mädchen, doch
das geht zu weit: / Einer muß gehen, / und ich weiß, der bist du. /
Darum geh lieber gleich, mein Freund, / noch ist Zeit dazu.« Solch
proletarisch koloriertes Machotum verfehlt bei denen, die Maffay
mit seiner Musik anzusprechen wünscht, keinesfalls seine Wirkung.
Eher mittelständisch geprägten und an der Überwindung traditioneller Geschlechterrollen orientierten Zeitgenossen mutet es hingegen ausgesprochen albern an, werden sie mit Versen konfrontiert
wie: »Kaltes Bier und heiße Haut, / auf dem Bett find ich dich mit
'nem anderen Mann. / Was hat der Typ, was ich nicht hab? / Sag
es mir genau. / Du, du, – dieses Schießgewehr hab ich auch!«
          Besagte mittelständische Zeitgenossen traf und trifft man
auch bei Konzerten eines anderen Interpreten, der in den Achtzigern zum vermutlich größten Idol der deutschen Rock-Szene
avancierte: Herbert Grönemeyer. Der singende Filmschauspieler,
bekannt geworden vor allem durch die Rolle des Kriegskorrespon-
denten in Wolfgang Petersens Filmepos »Das Boot«, hatte zunächst
1977 als Leadsänger der Kölner Jazz-Rock-Gruppe OCEAN im
Eigenvertrieb seine erste Platte mit englischen Texten aufgenommen. Doch schon 1979, noch vor dem Aufkommen der Neuen
Deutschen Welle, begann er deutsche Texte zu schreiben und zu
singen. Seine drei ersten Langspielplatten wurden nur wenig
beachtet, lediglich eine daraus ausgekoppelte Single (»Musik nur,
wenn sie laut ist«) entwickelte sich zu einem Anerkennungserfolg.
1984 schließlich landete er den großen Coup: Die Single »Männer«
machte ihn schlagartig einem breiten Publikum bekannt, die LP
»Bochum«, der dieser Song entstammt, hielt sich – und so etwas
hatte es zuvor noch nie gegeben – zwei Jahre lang im Spitzenfeld

der Charts, war 1984 die meistverkaufte Langspielplatte des Jahres, rangierte im Folgejahr noch immer auf Platz 3 und hielt sich mit
Unterbrechungen noch bis 1997 unter den ersten 100.

»Männer« war der richtige Song zur richtigen Zeit. Knapp
ein Jahr, nachdem Gitte »Alles, und zwar sofort« eingeklagt hatte,
war eine Antwort seitens des »starken«, nunmehr durch die
Frauenbewegung ausgesprochen verunsicherten Geschlechts
überfällig. Während Maffay trotzig den Macho mimte wie eh und je,
Gunter Gabriel sich bockbeinig als »ein Kerl, ein ganzer Mann« in
Pose setzte und Schlagerjungs wie Phil und John wacker so taten,
als sei nichts geschehen (»Ich stehe täglich meinen Mann / und
zeig dir täglich, was ich kann ...«), da brachte »Herbi« die zentrale
Frage, die das männliche Gemüt in den achtziger Jahren beschäf-
tigte, kurz und überaus prägnant in fünf Worten auf einen Nenner:
»Wann ist man ein Mann?« Selbstironisch zitiert der Song die
gesammelten Macken, die Männer zu Machos werden lassen:
»Männer haben Muskeln, / Männer sind furchtbar stark. / Männer
können alles, / Männer kriegen 'nen Herzinfarkt. (...) Männer führen

Kriege, / Männer sind schon als Baby blau. / Männer rauchen Pfeife, / Männer sind furchtbar schlau.« Zugleich schimmert jedoch in den Textzeilen auch der zarte Kern durch, der sich hinter der ach so rauhen Schale versteckt: »Männer weinen heimlich, / Männer brauchen viel Zärtlichkeit. / Männer sind so verletzlich ...«. Damit traf Grönemeyer ins Schwarze. Seine männlichen Hörer identifizierten sich mit dem Zwiespalt des Textes, der ihren eigenen Seelenzustand widerspiegelte. Die weiblichen Fans attestierten voller Wohlwollen Grönemeyers Bereitschaft, traditionelle Rollenmuster in Frage zu stellen. Und da »Herbi« auch äußerlich nie auf Macho macht und – auch hier das völlige Gegenstück zu seinem Kollegen Maffay – gänzlich auf Lederklamotten und grimmige, martialisch wirken wollende Mimik verzichtet, war er das geborene Idol wertegewandelter, sich an fortschrittlichen politischen Positionen und alternativen Lebensentwürfen orientierender Rockfans. Auch wenn ihm zahlreiche Kritiker »altmodische deutsche Ernsthaftigkeit«, »Primaner-Poesie« und »gehaltsame Betroffenheit« vorwerfen (so die in seinem Falle ausgesprochen barschen Autoren des ro ro ro-Rocklexikons), Grönemeyer sang sich mit sämtlichen Folgealben (in den Achtzigern waren dies nach dem »Bochum«-Coup »Sprünge« 1986 und »Ö« 1988) in den Charts ganz nach vorn und verteidigt seine Position als beständigster deutscher Rockstar auch bis zum heutigen Tag.

Etwa zeitgleich mit Herbert Grönemeyer stieg noch ein anderer Sänger in den Olymp der deutschsprachigen Rockmusik auf: Der ebenfalls aus Köln stammende Wolfgang Niedecken war gemeinsam mit seiner Gruppe BAP jahrelang der lokale Matador Nummer 1. Die ersten, noch liebenswert unprofessionell eingespielten und auf einem kleinen Label veröffentlichten Platten entwickelten sich schnell zu regionalen Super-Sellern. Als »Einheizer« bei einem Konzert der ROLLING STONES im Müngersdorfer Stadion zu Köln begeisterten sie 1981 die Zuhörer fast noch mehr als die eigentlichen Stars, was bei den Nicht-Kölner Musikfans Fassungslosigkeit hervorrief. 1982 endlich bescherten ihnen zwei Ereignisse den großen überregionalen Durchbruch: EMI, bei der BAP mittlerweile unter Vertrag stand, plazierte die Gruppe im ARD-*Rockpalast* und steigerte damit den Bekanntheitsgrad von Niedecken & Co

schlagartig. Gleichzeitig sorgte Dieter Dehm, ein bei der EMI als
Manager unter Vertrag stehendes Mitglied des Koordinierungs-
ausschusses der Friedensbewegung, dafür, daß BAP bei einer
zentralen Bonner Kundgebung vor 500 000 Leuten einen »Solidari-
tätsauftritt« absolvieren konnte. Seit diesem Tag ist der Name der
Gruppe unumstößlich verbunden mit politischem Engagement und
moralischer Aufrichtigkeit. Songs wie »10. Juni« und »Kristallnaach«
entwickelten sich in Windeseile zu Friedens-Hymnen und die
Plattenumsätze gingen in die Millionen. Ihre bereits im Vorjahr veröffentlichte LP »Für Usszeschnigge« schnellte auf Platz 1 der
Charts. Die 1982 veröffentlichte Scheibe »Vun drinne noh drusse«
verdrängte unmittelbar nach Veröffentlichung »Für Usszeschnigge«
auf Platz 2. BAP rangierte damit – ein Novum in der Geschichte der
deutschen Charts – mit zwei Alben gleichzeitig auf den beiden
ersten Plätzen.

       Obwohl ihre in Kölsch gesungenen Lieder zunächst
außerhalb des Kölner Raumes wohl kaum von einem Hörer
verstanden wurden, entwickelte sich BAP zu einem kulturellen

Phänomen. Ihre in eingängige Melodien verpackten gesellschafts-
politisch ambitionierten Texte veranlaßten selbst einen Heinrich Böll,
sich als BAP-Fan zu *outen,* und im *Stern* wurde eine ihrer LPs gar
von Willy Brandt besprochen. Kritiker wie Wolf Biermann monierten
mitunter zwar die allzu »breitarschige Gemütlichkeit« ihrer Musik,
dennoch etablierten sich BAP im Laufe der achtziger Jahre, gleich-
bedeutend mit Herbert Grönemeyer, als Galionsfiguren der bundesdeutschen Rock-Szene. Sämtliche ihrer Alben wurden vergoldet
oder mit Platin ausgezeichnet. Im Laufe des Jahrzehnts waren dies
neben »Für Usszeschnigge« (1982 auf Platz 2 der Jahres-Best-
sellerliste) und »Vun drinne noh drusse« (1983 auf Platz 9) ihr Live-
Album »Bess demnäxh« (1983 auf Platz 15) sowie »Zwesche
Salzjebäck un Bier« (1984 auf Platz 9), »Ahl Männer, aalglatt« (1986
auf Platz 7) und »Da Capo« (1988 auf Platz 16).

   Damit nicht genug: Die in Sachen Rockmusik außerordentlich produktiven achtziger Jahre spülten neben Maffay,
Grönemeyer und BAP noch einen weiteren Musiker nach oben, der
bis zum heutigen Tag zu den ganz Großen zählt: Marius Müller

Westernhagen. Wie Herbert Grönemeyer gleichzeitig als Sänger
und Filmschauspieler erfolgreich (»Theo gegen den Rest der Welt«),
veröffentlichte er sein erstes Album »Das erste Mal« schon 1974,
unmittelbar nach Udo Lindenbergs Durchbruch mit »Andrea Dorea«.
Seine frühen Songs waren noch relativ brav, musikalisch orientierte
er sich zunächst stark an althergebrachten Schlagerklischees.
Doch bald schon wurden seine Songs kantiger, gewannen an
musikalischer Power und Marius lief auch textlich mehr und mehr
zur Höchstform auf. Mit »Sekt oder Selters« und »Stinker« ersang er
1981 seine beiden ersten »Goldenen«. Für eine Million verkaufter
Exemplare der Platte »Mit Pfefferminz bin ich dein Prinz« wurde ihm
Doppel-Platin überreicht.

       Anders als Grönemeyer und BAP greift Westernhagen in
seinen Songs keine politischen Themen auf. Bekenntnisse zu Multi-
Kulti sucht man bei ihm ebenso vergeblich wie Texte gegen Wettrüsten und den atomaren Gau. Aber auch von Maffays aufgeblase-
ner Lyrik trennen ihn Welten. Marius' kraftvolle Songs erzählen vom
besten Freund »Johnnie Walker«, beschreiben den Alltag des Rock

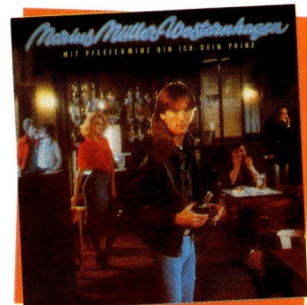

'n' Rollers (»Mit 18 rannt' ich in Düsseldorf rum, / war Sänger in 'ner Rock 'n' Roll-Band«), schildern heiße Liebesnächte in fremden Betten (»Bezieh das Bett frisch, damit er nichts merkt, / und meinen Geruch, den duschst du dir ab«) oder handeln ganz einfach vom Spaß am Leben (»Liebling, laß uns tanzen, hast du noch 'nen Pfefferminz? / So, und nun gib mir 'nen Kuß, mit Pfefferminz bin ich dein Prinz ...«.

Mit diesen tollen und intelligent gemachten Liedern findet Westernhagen Fans in den unterschiedlichsten Hörerschichten. Bei seinen Konzerten treffen Mittelschichtler auf Prolos, Wertegewandelte auf Traditionalisten und Teens auf Mittvierziger. Auffallend ist lediglich der stark dominierende Anteil männlicher Fans – kein Wunder, denn Marius markiert mit Begeisterung den Macker. Wo Grönemeyer neuzeitlich-sensible Männlichkeit demonstriert (»Überfrau mich mit Gefühl ...«), da geht es bei ihm ungebrochen animalisch zu (»Sexy, ich will und will und will nur dich! / Sexy, ich bin gefangen zwischen deinen langen Beinen, / Sexy, es ist mir scheißegal, mach ich mich lächerlich...«).

Dieser Song stammt von Westernhagens 1989 erschienener, ein Jahr später mit »Platin« ausgezeichneten LP »Halleluja«, einer mitreißenden Mixtur aus druckvollem Rock (»Fertig«), wunderschönen Balladen (»Weil ich dich liebe«) und lyrisch-versponnenen Avantgarde-Klängen (»Der Chor der Blöden«), präsentiert von einem Sänger und einer Crew von Musikern, die – so das einhellige Urteil von Kritikern – jedem internationalen Vergleich standhalten. »Rock 'n' Roll mit deutschen Texten«, so urteilte der *Musikexpress*, »klang selten lauter und besser. Westernhagen beschränkt sich nämlich auf das Wesentliche: Gefühle statt Duselei, Teamarbeit statt Technologie, Sex statt umweltpolitischer Kummerfalten.« Die deutsche Pop- und Rockmusik war mit diesem Album an einem ihrer Höhepunkte angekommen.

In den achtziger Jahren war in der BRD eine Generation herangewachsen, die, im Gegensatz zu den Generationen davor, keine Hemmungen mehr hatte, sich der deutschen Sprache als Ausdrucksmittel zu bedienen. In Ländern wie Frankreich oder Italien beherrschte in der jeweiligen Muttersprache gesungene Popmusik neben angloamerikanischen Produktionen seit jeher etwa die Hälfte des Gesamtmarktes. Von einem solch großen Anteil war man in der Bundesrepublik Deutschland zwar noch weit entfernt, doch anders als 1970, als deutschsprachige Musik gerade zehn Prozent des Umsatzes an Tonträgern ausmachte, betrug deren Anteil an der Schwelle zu den Neunzigern bereits mehr als das doppelte. Mit der Neuen Deutschen Welle und mit dem Erfolg von Musikern wie BAP, Grönemeyer und Westernhagen hatte im vierten Jahrzehnt nach Ende des Zweiten Weltkrieges ein Stück Normalität in der deutschen Musikszene Einzug gehalten.

1980

Deutsche Hits
Deutschsprachige Titel unter den 20 meistverkauften Singles und LPs

Singles:

Mike Krüger: Der Nippel 10

LPs:

Mike Krüger: Der Nippel 13

Nina Hagen: Unbehagen 16

Peter Maffay: Steppenwolf 20

1981

Deutsche Hits
Deutschsprachige Titel unter den 20 meistverkauften Singles und LPs

Singles:

Roland Kaiser: Lieb mich ein letztes Mal 7

Hanne Haller: Samstag abend 19

LPs:

Peter Maffay: Revanche 4

Marius Müller Westernhagen: Stinker 12

Milva: Ich hab keine Angst 13

Marius Müller Westernhagen: Mit Pfefferminz bin ich dein Prinz 20

1982

Deutsche Hits
Deutschsprachige Titel unter den 20 meistverkauften Singles und LPs

Singles:

Spider Murphy Gang: Skandal im Sperrbezirk 2

Andy Borg: Adios amor 4

Falco: Der Kommissar 5

Trio: Da, da, da 6

Joachim Witt: Der goldene Reiter 7

Nicole: Ein bißchen Frieden 8

Markus: Ich will Spaß 10

Hubert Kah: Rosemarie 12

Grauzone: Eisbär 16

Spliff: Carbonara 17

Christian Franke: Ich wünsch dir die Hölle auf Erden 19

Gottlieb Wendehals: Polonäse Blankenese 20

LPs:

Spider Murphy Gang: Dolce Vita 1

BAP: Für usszeschnigge 2

Spliff: 85 555 4

Peter Maffay: Ich will leben 7

Extrabreit: Ihre großen Erfolge 10

Ideal: Der Ernst des Lebens 11

Ideal: Ideal 14

Karat: Der blaue Planet 15

Extrabreit: Welch ein Land! Welche Männer! 19

1983

Deutsche Hits
Deutschsprachige Titel unter den 20 meistverkauften Singles und LPs

Singles:

Peter Schilling: Völlig losgelöst 1

Nena: 99 Luftballons 2

DÖF: Codo 6

Geier Sturzflug: Bruttosozialprodukt 8

LPs:

Nena: Nena 1

Udo Lindenberg: Odyssee 10

BAP: Vun drinne noh drusse 11

Andy Borg: Adios amor 12

BAP: Bess demnähx 15

Peter Schilling: Fehler im System 17

1984

Deutsche Hits
Deutschsprachige Titel unter den 20 meistverkauften Singles und LPs

Singles:

Nino de Angelo: Jenseits von Eden 2

Herbert Grönemeyer: Männer 16

Klaus Lage: 1001 Nacht 20

LPs:

Herbert Grönemeyer: Bochum 1

Nena: ? 3

Peter Maffay: Carambolage 7
BAP: Zwesche Salzjebäck un Bier 9
Roger Whitaker: Ein Glück, daß es dich gibt 12
Ulla Meinecke: Wenn schon nicht für immer... 15

1985

Deutsche Hits
Deutschsprachige Titel unter den 20 meistverkauften Singles und LPs

Singles:
Falco: Rock me, Amadeus 4

LPs:
Herbert Grönemeyer: Bochum 3
Peter Maffay: Sonne in der Nacht 17

1986

Deutsche Hits
Deutschsprachige Titel unter den 20 meistverkauften Singles und LPs

Singles:
Falco: Jeanny 1
Münchener Freiheit: Ohne dich 4

LPs:
Herbert Grönemeyer: Sprünge 2
BAP: Ahl Männer, allglatt 7
Falco: Falco 3

1987

Deutsche Hits
Deutschsprachige Titel unter den 20 meistverkauften Singles und LPs

Singles:
Jürgen von der Lippe: Guten Morgen, liebe Sorgen 11
Clowns und Helden: Ich liebe dich 19

LPs:
Drafi Deutscher: Gemischte Gefühle 13

Deutsche Hits
Deutschsprachige Titel unter den 20 meistverkauften Singles und LPs

Singles:

OK: Okay 3

Reinhard Fendrich: Macho, macho 6

EAV: Küss die Hand, schöne Frau 17

Herbert Grönemeyer: Was soll das? 18

LPs:

Herbert Grönemeyer: Ö 2

EAV: Liebe, Tod und Teufel 5

Peter Maffay: Lange Schatten 13

BAP: Da capo 16

Deutsche Hits
Deutschsprachige Titel unter den 20 meistverkauften Singles und LPs

LPs:

Original Naabtal-Duo: Patrona Bavariae 10

Die Toten Hosen: Ein kleines bißchen Horrorschau 12

Herbert Grönemeyer: Ö 15

Die Ärzte: Nach uns die Sintflut 17

90er Jahre

Du mußt ein Schwein sein
Die neunziger Jahre

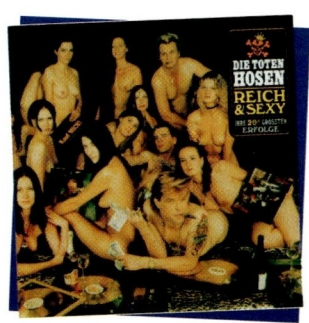

BAP, Grönemeyer und Westernhagen – sie waren erst der Anfang.
Zu ihnen gesellte sich im Laufe der Jahre eine ganze Crew hoch-
karätiger Musiker »made in Germany«.

    Zum Beispiel die TOTEN HOSEN. Die bereits 1982 ins
Leben gerufene Formation grenzte sich von Anfang an von fast
allen Deutsch-Rockern ab, vor allem von BAP und Grönemeyer.
Deren Musik, so kritisierten sie, sei nichts anderes als »Balladen auf
Liedermacher-Basis« und habe mit Rockmusik nichts zu tun. Die
HOSEN fühlten sich stärker den Traditionen des Punk verbunden
und setzten auf die Devise: »Es muß laut sein und knallen!« Bei
ihren Auftritten profilierten sie sich als eine rotzfrech-radikale Truppe,
die – so fassungslos das Feuilleton der bieder-konservativen *Welt* –
»zwischen Bierdose, Beischlaf und Bodenlosigkeit herumtorkelt«.

    1987 hatten sie unter dem Motto »Bumsen, ficken, bla-
sen« eine gefeierte Deutschland-Tournee absolviert und auf der LP
»Never mind the Hosen – Here's die roten Rosen« gleichzeitig neu-
eingespielte Versionen von Schlagerklassikern der Sechziger prä-
sentiert (zum Beispiel Drafi Deutschers »Shake Hands«, Gus
Backus' »Sauerkrautpolka« und Caterina Valentes und Silvio
Francescos »Itsy Bitsy Teenie Weenie Honolulu Strandbikini«).
»Der Unterschied zwischen Spießertum und Punk«, so erkannten
sie zu Recht, »ist manchmal nur 'ne Rhythmusfrage.« Die alten
Gassenhauer, so machen es die Neuaufnahmen von Campino &
Co deutlich, verfügen über einen enormen Unterhaltungswert, und
das Image dieser Titel hängt vorrangig von der Art der Interpretation ab.

    In den Neunzigern konnten sich die HOSEN mit sämtlichen
ihrer Alben ganz vorne in den Charts plazieren – vor allem mit »Auf
dem Kreuzzug ins Glück« (1990 auf Platz 18 der Jahresbestsellerliste), »Reich und sexy« (1994 Platz 14), zu dessen Cover die
LP »Electric Ladyland« von Jimi Hendrix Pate stand, und »Opium

fürs Volk« (1996 Platz 4). 1993, im Jahr der ausländerfeindlichen Übergriffe in Mölln, Solingen, Rostock und Hoyerswerda, präsentierten sie einen ihrer stärksten Titel. In »Sascha – ein aufrechter Deutscher« geißeln sie tumben Rassismus hirnloser Skins mit HOSEN-typischen deftigen Reimen: »Der Sascha, der ist arbeitslos, / was macht er ohne Arbeit bloß? / Er schneidet sich die Haare ab / und pinkelt auf ein Judengrab. / Zigeunerschnitzel, das schmeckt gut, / auf Sintis hat er eine Wut. / Er ißt so gern Cevabcici, / Kroaten mochte er noch nie. / Denn der Sascha, der ist Deutscher, und deutsch sein, das ist schwer. / Und so deutsch wie der Sascha wird Abdul nimmer mehr ...« Kein anderer Song zeichnete ein ähnlich treffendes Bild des glatzköpigen Nazi-Skinhead, dessen kaltblütige Brutalität immer wieder für neue Schlagzeilen sorgte. Die ultrarechten Republikaner indessen fühlten sich durch die Zeile »Nein, dieser Mann, er ist kein Depp, / der Sascha ist ein deutscher REP« in ihrer Ehre gekränkt und erstatteten Anzeige wegen Beleidigung und Volksverhetzung. Für die HOSEN war das die denkbar beste Reklame und »Sascha« avancierte auch prompt zur bis dato bestverkauften Single ihrer musikalischen Laufbahn.

Heute haben sich die TOTEN HOSEN längst vom Punk in Reinkultur abgewandt. »Die Deutsch-Punker der ersten Stunde«, so der *Musik-Express*, »mauserten sich zur definitiven Rock 'n' Roll-Band des Landes.« Nach wie vor stehen sie für einen Musikstil, der »laut ist und knallt«, doch überraschen sie auch mit moderaten Tönen und lieferten mit ihrem Song »Alles aus Liebe« gar eine der schönsten Balladen in der Geschichte der deutschen Rock-Musik.

Die zweite große deutsche Punk-Band der Neunziger sind DIE ÄRZTE. Auch sie gründeten sich, wie die TOTEN HOSEN, 1982. Jahrelang fristeten sie zunächst ein ausgesprochenes Schattendasein. Trotz eines 1983 erstrittenen ersten Platzes in einem Rock-Wettbewerb des Berliner Senats blieb die von Bela B. und Farin Urlaub ins Leben gerufene Band lange Zeit hindurch ein Geheimtip der Independent-Szene. Das änderte sich 1987 schlagartig: Auf Antrag des Stadtjugendamtes Mannheim stufte die Bundesprüfstelle für jugendgefährdende Schriften eine Reihe von ÄRZTE-Songs als jugendgefährdend ein und setzte sie auf den Index. So ereiferten sich die Zensoren beispielsweise über die Zeilen »Claudia hat

Die Bestie in Menschengestalt

'nen Schäferhund, / und den hat sie nicht ohne Grund: / Abends kommt er in ihr Bett, / und dann geht es rund«. Die Plattenfirma der ÄRZTE witterte das Geschäft ihres Lebens und veröffentlichte umgehend einen Sampler »Ab 18«, der neben den indizierten Titeln eine Reihe ähnlich ungehöriger Songs enthielt und nur gegen Vorlage eines Personalausweises unter dem Plattentisch verkauft werden durfte. Die Popularität der ÄRZTE und damit auch die Nachfrage nach ihren Platten steigerte sich daraufhin im Nu. Die Berliner Fun-Punker avancierten zu *der* Kult-Band der 12–18jährigen. *Bravo* adelte sie zu »Deutschlands neuer Popband Nr.1« und ihre LPs rangieren – unterbrochen nur von einer vorübergehenden Selbstauflösung der Gruppe – beständig weit oben in den deutschen Charts. Ihr erfolgreichstes Album stammt aus dem Jahre 1994: »Die Bestie in Menschengestalt«; ihre Single »Ein Schwein namens Männer« avancierte zum Sommerhit des Jahres 1998.

In den Fünfzigern war es für Heranwachsende noch recht einfach, die Erwachsenen auf die Palme zu bringen. Ein paar englische Wortbrocken wie »Sugar, sugar, baby« oder »I love you, baby«, begleitet von dezent angedeutetem rhythmischem Kreisen des Unterleibes, genügten, um den elterlichen Widerspruch zu provozieren. Ähnlich einfach war es in den Sechzigern: Mittels langer Haare, Gammellook und dem wiederholten Abspielen von »She loves you« und »Satisfaction« ließ sich noch immer relativ leicht die Rebellion gegen die Eltern zum Ausdruck bringen. Nun, Jahrzehnte später, ist die Situation gänzlich anders: Papi und Mami, teilweise selbst in wilden Umbruchzeiten aufgewachsen, lassen sich mit harten Rhythmen und unangepaßtem Äußeren längst nicht mehr provozieren. Es bedarf anderer Mittel, emanzipationsorientierte Mütter und sturmerprobte Väter der 68er Generation herauszufordern. Was eignet sich da besser als ein paar chauvinistische Sprüche wie »Claudia hat auch ein Pferd, / mit dem sie ziemlich oft verkehrt«?

Die Rechnung ging auf: Vor allem für *Emma*-lesende Mütter, die gemeinsam mit Alice Schwarzer gegen die Verbreitung pornographischer Druckerzeugnisse fochten, und für rot-grüne Väter, die sich an Lichterketten gegen Ausländerfeindlichkeit und Rassismus beteiligten, waren DIE ÄRZTE ein rotes Tuch. Dabei hätten

die besorgten Eltern doch längst wissen müssen, wovon in den Siebzigern schon Wolf Biermann gesungen hatte: »Was verboten ist, macht uns erst richtig scharf.« Doch auch DIE ÄRZTE wurden mit den Jahren professioneller und präsentieren statt ihrer so argwöhnisch beäugten »herzigen Knittelverse« (*Der Spiegel*) zunehmend ausgereifte Reime. Ähnlich wie die TOTEN HOSEN gelang auch ihnen 1993 mit einem Anti-Rassismus-Song ihr stärkster und zugleich umsatzträchtigster Titel: »Deine Gewalt ist nur ein stummer Schrei nach Liebe. / Deine Springerstiefel sehnen sich nach Zärtlichkeit. / Du hast nie gelernt, dich zu artikulieren / und deine Eltern hatten niemals für dich Zeit. /– Arschloch!«

Die Rolle des Bösewichts übernehmen seit 1997 RAMMSTEIN. Die ehemaligen Untergrund-Rocker aus Ostdeutschland geben allerlei Anstößiges zum besten und feiern Triumphe mit Zeilen wie »Bin ich schöner – zerschneid mir das Gesicht. / Bin ich stärker – brich feige mein Genick. / Bin ich klüger – töte mich und iß mein Gehirn. / Hab ich dein Weib – töte mich und iß mich ganz auf«. Das Sextett um Sänger Till Lindemann erhebt den Tabubruch zum Programm. Themen wie Vergewaltigung, Mord, Nekrophilie und Sado-Masochismus gehören zu RAMMSTEINS sicherem Erfolgsrezept. Das von den ÄRZTEN geträllerte »Claudia«-Liedchen klingt harmlos im Vergleich zu einem Song wie RAMMSTEINS »Tier«: »Er wird zu seiner Tochter gehen, / sie ist schön und jung an Jahren. / Und dann wird er wie ein Hund / mit eigen Fleisch und Blut sich paaren.«

Den infernalischen Sound und ihre zu knallhartem Electro-Metalsound gedröhnten Zeilen inszenieren die Brachial-Rocker in einer dazu passenden Bühnenshow: Lautsprechertürme donnergrollen bedrohlich, zwei Feuersäulen steigen auf, und eine gewaltige Explosion erschüttert das Auditorium. Gleich beim Starter-Titel »Rammstein« steht der Sänger von Kopf bis Fuß in Flammen. Bei »Weißes Fleisch« (»Du auf dem Schulhof, / ich zum töten bereit«) schießen riesige Feuerfontänen aus seinen Stiefeln. Schließlich der Höhepunkt: Bei »Du riechst so gut« schießt Till Lindemann mit einem zwischen den Oberschenkeln nahe dem Geschlecht eingeklemmten Flammenwerfer eine riesige Stichflamme über die Bühne und feuert schließlich eine Brandrakete quer durch die Halle.

Kritiker allerorten sind entsetzt angesichts all der so schamlos zur Schau gestellten Obsessionen. Das Stadtjugendamt in Mannheim allerdings hat inzwischen dazugelernt und sieht von einem Indizierungsantrag ab. (»Der zusätzliche Werbeeffekt wäre enorm, und die Jugendlichen besorgen sich die Musik hinterher trotzdem«). Dennoch raunen Bedenkenträger allerorten, RAMMSTEINS düsteres Geröhre transportiere faschistoide Tendenzen. Es ist ähnlich wie in der Nachkriegsära, als viele Ältere alles, was ihnen nicht in den Kram paßte, als »links« oder »kommunistisch« einstuften und jugendlichen Rebellionsgelüsten mit der Aufforderung begegneten: »Geht doch nach drüben, wenn's euch hier nicht paßt.« Heute sind es die damals Gescholtenen, die vorschnell alle Ausdrucksformen jugendlicher Opposition als »faschistoid« zu denunzieren versuchen. Nicht nur im Falle von RAMMSTEIN treffen solche Vorwürfe nicht den Kern des Problems. Gewalt und Aggression gehören seit jeher zum Themenkatalog der Rockmusik und faszinierten die Fans schon immer. Auch RAMMSTEIN setzt auf diese Faszination, verarbeitet dabei jedoch letztlich nichts anderes als aktuelle Phänomene, mit denen sich (nicht nur) Jugendliche tagtäglich auseinandersetzen müssen. Till Lindemann, selbst ein ausgesprochen sensibler Typ und alleinerziehender Vater einer Tochter, hat natürlich recht, wenn er, auf den Inzest-Song »Tier« angesprochen, entgegnet: »In jeder Illustrierten kann man doch entsprechende Statistiken nachlesen. Und trotzdem tun alle so, als würde es das alles nicht geben.«

Nicht alle Musiker der neunziger Jahre führen sich so ungebührlich auf wie die ÄRZTE und RAMMSTEIN. Das perfekte Kontrastprogramm zu ihnen kommt aus dem Schwäbischen und nennt sich PUR. Bei ihnen verkehrt keine Claudia mit ihrem Pferd, es paart sich auch kein Vater »mit eigen Fleisch und Blut«. Nein, PUR kämpfen uneingeschränkt für das Gute in der Welt: »Wenn der Kleine keine Chance hat«, so singen sie, »wenn Versprechungen Lügen sind, / wenn es das Böse reich und gut hat, / wenn die Guten meist die Blöden sind, / dann ist klar, daß das Klima reichlich frustig werden kann. / Denn wer nichts zu verliern hat, / der kommt schlimm drauf, ist übel dran.« Sänger Hartmut Engler, auf dessen Konto Verse wie diese gehen, nimmt kein Blatt vor den Mund. Zornig und ohne Rücksicht auf Verluste geißelt er gesellschaftliche

Mißstände und zeigt auf, wo das Böse über das Gute triumphiert: »Ich find auf meinem Globus so viel Flächen ohne Brot / und ehemals bunte Teile färbt ein Blutstrom tödlich rot«, und »wenn du manchmal aggressiv bist, / dann denk ich, ist das ganz normal. / Denn wer in dieser Welt nie 'ne Wut kriegt, / dem ist vermutlich alles scheißegal.«

Darauf haben Millionen Fans gewartet: Ein Lehrer aus Bietigheim am Neckar, unheimlich betroffen angesichts all des Unrechts auf dieser Erde, zieht rücksichtslos gegen Neid, Haß, Mißgunst und Selbstgefälligkeit zu Felde: »Manchmal überriech ich des besten Freundes Mist, / weil bequemes Wohlergehen der geliebte Nächste ist«. Zu gefälligem E-Gitarrensound fordert er seine Hörer auf, dem Bösen Einhalt zu gebieten – und das alles getreu dem Motto »Reim dich, oder ich freß dich«: »Doch längst nicht alle lassen sich verkaufen, nicht für dumm. / Sie stellen die gefährlichste der Fragen: Warum?«

Mit ihren politisch korrekten Gesängen und ihren musikalisch untermalten Merksprüchen der Marke »Sozialkritik für Einsteiger« avancierten PUR im Laufe der Jahre zu einer der erfolgreichsten Gruppen der Neunziger. Ihr Album »Seiltänzertraum« plazierte sich 1993, 1994 und 1995 unter den zwanzig meistverkauften LPs des Jahres. 1995 rangierte zudem das Folgealbum »Abenteuerland« unter den ersten zwanzig, 1996 plazierten sie sich mit einem ihrer beiden Live-Alben im Spitzenfeld und 1998 sind sie mit »Mächtig viel Theater« wieder mit von der Partie. Ganz offensichtlich stießen die Schwaben-Rocker in eine Marktlücke: Ähnlich lehrreiche Betroffenheitsgesänge wie die von PUR hat es seit den Siebzigern, als Juliane Werding den toten Conny Kramer betrauerte, nicht mehr gegeben.

Nicht nur auf dem nationalen, auch auf dem internationalen Markt ist Musik »made in Germany« in den Neunzigern angesagt wie nie. Zum ersten Mal in der Geschichte der Pop-Musik hat sich weltweit eine Stilrichtung etabliert, deren kreative Ursprünge aus Deutschland kommen: Mit Techno, der Dance-Music des Maschinenzeitalters, erlebte die einheimische Musikindustrie einen bis dahin ungekannten Boom. Saturday night fever im letzten Jahrzehnt vor der Jahrtausendwende, das heißt ultraschneller Computerbeat und einpeitschender Rhythmus, den kein Drummer zu spielen in der Lage wäre. Die Maßeinheit aller Dinge ist BpM (für Nichteinge-weihte: Beats pro Minute) und bewegt sich irgendwo zwischen 130 und 200. Neben den Skandinaviern geben die deutschen Musiklabors global den Ton an: Die Scheiben von SNAP, HADD-AWAY, REAL McCOY, CULTURE BEAT, SCATMAN JOHN, CAPTAIN HOOLLYWOOD, U 96 und jede Menge weiterer Dance-Acts drehen sich weltweit in zig Millionen CD-Playern. Techno erweist sich als ein Huhn, das goldene Eier legt.

       Das radikalste musikalische Phänomen der Neunziger kennt keine Melodie im herkömmlichen Sinn. Techno-Tüftler mixen allenfalls den synthetisch erzeugten Sound mit melodiösen Ein-sprengseln. Der Phantasie sind hierbei keine Grenzen gesetzt. Einer der ersten weltumspannenden Techno-Hits enthielt Versatzstücke aus Klaus Doldingers Filmmusik zu »Das Boot«. Bei Marc Oh mutierte Michael Holms gutes altes »Tränen lügen nicht« zu »Tears don't lie«. CINEMATIC verarbeiteten ein Lied, das Heinz Rühmann gemeinsam mit dem kleinen Oliver Grimm in dem Streifen *Wenn der Vater mit dem Sohne* sang: »La le lu, nur der Mann im Mond schaut zu ...« K2 sampelten in »Der Berg ruft« alpines Gejodel. XXL verkauften ihre Beats mit Hilfe des Schweizer Unikums Peter Steiner (78), dem Opi aus der Milka-Reklame (»It's cool, man«). Zahlreiche Hits aus den Sechzigern, Siebzigern und Achtzigern standen den Dance-Hits der Neunziger Pate: Drafi Deutschers »Marmor, Stein und Eisen bricht« aus dem Jahre 1966, Rex Gildos »Fiesta Mexicana« (1972) und Peter Schillings »Major Tom« (1983) – sie alle erstrahlten nunmehr in neuem Glanz. Auch Heino ließ sich nicht lumpen, präsentierte »Blau, blau, blau ist der Enzian« und »Schwarzbraun ist die Haselnuß« im zeitgemäßen Mix und machte dabei deutlich, daß deutsche Marschmusik und deutscher Techno gar nicht so weit voneinander entfernt sind. Und selbst die gute alte Augsburger Puppenkiste kam zu Techno-Ehren: DOLLS UNITED mischten in ihrem Musiklabor Elektrobeat mit dem Song von Jim Knopf und Lukas dem Lokomotivführer »Eine Insel mit zwei Bergen«. Sie landeten damit einen der originellsten Titel, den der Techno-Boom hervorbrachte.

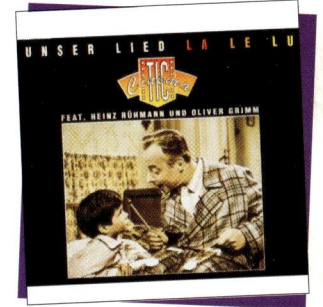

Wie jede musikalische Mode seit den Fünfzigern kreierte auch Techno sein eigenes Teenager-Idol. Der Schwarm der *Bravo*-Generation der Neunziger ist die 1981 geborene Jasmin Wagner, genannt Blümchen.

»Enge Jeans, die weit offenstehende Seidenbluse locker über dem Nabel geknotet, ihr Busen blitzt aus dem Wonderbra – das ist Blümchen« – so preist *Bravo* Deutschlands »Dance-Prinzessin« und läßt keinen Zweifel daran, daß die sexuelle Befreiung gegen Ende des zweiten Jahrtausends auch vor den Kinderzimmern nicht haltmacht. »Zum peitschenden 192 BpM-Beat fegt sie wie ein roter Blitz an der Rampe entlang. Synchron mit ihren Tänzern bewegt sie sich in einer scharfen, powergeladenen Choreographie – einer Art überdrehtem Kosakentanz mit heftigen Beckenstößen. Immer, wenn Blümchen in die Knie geht und wieder aufspringt, wippt ihr Busen auf und ab.« Von sexueller Anarchie kann indes trotz noch so »heftiger Beckenstöße« nicht die Rede sein, denn so aufreizend Jasmins Outfit auch ist, so gesittet und so brav sind die Worte, die man ihr in den Mund legt: »Oh, es war ein bißchen streßig, doch es ist uns geglückt, / haben uns heimlich, still und leise auf der Party verdrückt. / Nur der Mond schaut zu bei unserm allerersten Kuß, / und er weiß genau, worum ich dich jetzt bitten muß: / Gib mir noch Zeit, / ein kleines bißchen nur. / Gib mir ein Küßchen und dann geh bitte heim. / Laß mich bitte allein, / heute nacht bin ich noch nicht so weit. / Bitte, gib mir noch Zeit!« Fast könnten solche Zeilen einem Manuela-Hit aus den Sixties entstammen.

Von Manuela und allen anderen weiblichen Teenie-Idolen vor und nach ihr unterscheidet sich Blümchen allerdings in einem Punkt ganz entscheidend: Manuela hatte durchaus so etwas wie einen eigenen Stil (man denke nur an dieses göttlich rollende rrrr!). Auch Conny und später Nena verfügten über eine unverwechselbare Stimme. Anders Blümchen: Ihre Stimme ist, da elektronisch synthetisiert, ebenso austauschbar wie ihre äußere Erscheinung, die vor allem durch ein perfekt gestyltes Outfit besticht. Blümchen ist im Grunde nichts weiter als eine fleischgewordene Barbie-Puppe.

Mit Techno-Beats unterlegte, ansonsten allerdings eher an traditionelle Schlagermusik erinnernde Songs wie »Gib mir noch

Zeit« ließen Jasmin Wagner zur Plattenmillionärin werden. Daß
hingegen »echte« Techno-Fans sich von solch verniedlichendem
»Chart-Techno« entrüstet abwenden, versteht sich von selbst.

Neben dem Techno dominiert in den Neunzigern noch ein zweiter
Musikstil: In seiner Reinkultur nennt er sich Rap, Spielarten firmieren
unter Hip Hop, House und zahlreichen weiteren Termini.

      Wie viele musikalische Trends hat auch der Rap seinen
Ursprung im Aufbegehren der schwarzen Bevölkerung in den USA.
Mitte der Achtziger bezogen sich junge Musiker auf radikale Vor-
bilder wie Malcolm X, die Black Panthers und den politischen
Ex-Aktivisten Eldrige Cleaver. Doch während James Brown einst
»I'm black and I'm proud« verkündete, lautet die Devise nunmehr
»I'm black and I am bad«. Das Programm der Rapper heißt: Radika-
lität, Rabaukentum und schwarzer Machismo.

      Schon zu Zeiten der Neuen Deutschen Welle hatte es mit
Falcos »Der Kommissar« auch deutschsprachigen Rap bzw. Hip-
Hop gegeben, doch der Boom setzte erst in den Neunzigern ein.
So versucht beispielsweise die aus den beiden Frankfurtern Moses
Pelham und Thomas Hofman bestehende Formation RÖDELHEIM
HARTREIM PROJEKT das Lebensgefühl, das sich im Rap manife-
stiert, in deutsche Worte zu fassen. Was jedoch im schwarzen
Bezirk South Central in Los Angeles oder in der New Yorker Bronx
durchaus authentisch sein mag, das klingt in der Eindeutschung
der beiden hessischen Musiker eher nach ungewollter Realsatire.

      Eine Kostprobe: »Sag mir wer, wie, was, der, die, das,
wieso, / Weshalb, warum, kommst du mir krumm? / Bist du denn
dumm rundherum? / Bum, bum könnt es machen, es gibt Sachen, /
Die da krachen, einen 9 Millimeter Pfropf / Für deinen Kopf oder
den Rachen / ... / Stahl, du siehst, die Sprache ist mir egal.«

      »Roh, ungeschnitten und extrawahr« so preisen Pelham
und Hofmann ihre Lyrik. Doch so bedeutungsschwanger sie sich
mit ihren Versen auch gerieren, es ist – »bum bum« – viel Rauch
um nichts. Im Gegensatz zu den von RAMMSTEIN erzählten Geschichten entbehren die Rödelheimer »9 Millimeter Pfropf für deinen
Kopf«-Texte jeder Phantasie. Statt dessen beschränken sie sich auf
plumpe Anmache und penetrant zur Schau gestellten Prolo-Kult.

Und da Kloppen für einen ordentlichen Rapper nun einmal zum Handwerk gehört, passiert es dann schon mal, daß Moses P. den VIVA-Moderator Stefan Raab mit einem gezielten Kopfstoß ins Krankenhaus befördert. Sozusagen als Beweis proletarischer Herkunft – auch wenn man in Wahrheit in einer Vorstadtvilla aufwuchs.

»Die Stadtteil-Kracher und ihre Kollegen«, so formulierte es treffend der *Spiegel*, »sind eine Generation ohne Geschichte. Und weil es nicht genügt, nix zu erzählen zu haben, muß man jede Menge Worte herausschleudern, um eben das zu verkünden.« Das Publikum hingegen sieht es anders: Sowohl der Erstling »Direkt aus Rödelheim« (1994) als auch die Folge-CD »Zurück nach Rödelheim« (1996) verkauften sich mehrere hunderttausendmal. – Nun weiß man ja aus diversen Shell-Jugendstudien um die Nöte einer resignierten und perspektivlosen Generation voller Zukunftsängste, daß sich allerdings derart viele Angehörige dieser Generation in der Lyrik von Moses Pelham und Konsorten wiederzufinden glauben, das muß mir erst einmal jemand erklären ...

Sabrina Setlur, ehemals SCHWESTER S., ist so etwas wie ein Ableger der RÖDELHEIMER. »Wir sind nun mal oft zusammen, wir reden und denken auch gleich«, so gibt sie zu Protokoll, und so wundert es nicht, daß etliche der von ihr selbst verfaßten Reime den RÖDELHEIMERN leider zum verwechseln ähneln: »Ihr macht dumm rum, also machen wir Euch um. / Erkennt die Forelle auf Eurer Schwelle!« – Oh weh!

Wesentlich überzeugender wirkt Schwester Sabrina allerdings in Songs, die auf die brachiale »Bum bum«-Lyrik verzichten. Wenn sie in ihrem erfolgreichsten Titel »Du liebst mich nicht, du liebst mich nicht, du liebst mich einfach nicht« schmollt, dann klingt das alles recht sämig, und es fällt sogar auf, wie hübsch die Streicher und die dunklen Keyboards klingen.

Anders als Sabrina Setlur und das RÖDELHEIM HARTREIM PROJEKT verzichteten die aus Stuttgart stammenden FANTASTISCHEN VIER von Anfang an weitgehend auf proletarische Attitüde und erklärten statt dessen ohne Umschweife: »We are from the Mittelstand.« In ihren Songs kleiden sie Szenen aus ihrem Alltag in den rappenden Rhythmus ihres Sprechgesangs. Mit Titeln wie »Die da?«, ihrem ersten großen Hit, gelang ihnen dann auch ein Stil, der

ihren Konkurrenten um Längen überlegen ist. »Die da?« erzählt eine Story aus dem Zwielicht einer Disco. Facettenreich und witzig schildern die schwäbischen Rapper kluge, gerissene Mädchen und das hilflose Machotum der sie anbaggernden Jungs. »Hallo Thomas, hallo, alles klar? Es ist schon wieder Freitag, es ist wieder diese Bar. Und ich muß dir jetzt erzählen, was mir widerfahren ist. Jetzt seh' ich die Zukunft positiv, denn ich bin Optimist. Moment, was geht? – Ich sag's dir ganz konkret: Am Wochenende hab' ich mir den Kopf verdreht. Ich traf eine junge Frau, die hat mir recht gut gefallen, und am Samstag in der Diskothek ließ ich die Korken knallen ...« Entwaffnend und selbstironisch stehen die Stuttgarter Hip-Hopper am Ende dieser Samstagabend-Aufreißromanze als Trottel da – welch wohltuender Kontrast zu dem »Bum bum, wir machen Euch um«-Gelalle aus Rödelheim. Mit Titeln wie »Die da?« oder »Saft«, ein Song, der sich dem Austausch von Körperflüssigkeiten widmet (»Gib mir deinen Saft, ich geb dir meinen«), avancierten »FANTA 4« trotz starker Konkurrenz ebenfalls sehr beliebter Gruppen wie FREUNDESKREIS, CAPPUCCINO oder JAZZKANTINE unangefochten zur erfolgreichsten deutschsprachigen Hip-Hop-Formation der Neunziger. Nur eine Gruppe verbuchte – zumindest vorübergehend – ähnlich großen Erfolg: TIC TAC TOE.

Anders als »FANTA 4« und die RÖDELHEIMER waren TIC TAC TOE ein reines Produkt aus den Versuchslabors der Plattenindustrie: Drei junge Frauen mit dunkler Hautfarbe – Exotik macht sich immer gut. Das Alter der Mädchen – die Zielgruppe fest im Auge – getürkt, obwohl bereits Mitte Zwanzig, ließ das Management verlautbaren, die Mädchen seien gerade 17 geworden. Zu den weiteren Komponenten des Erfolgs gehörten ein gefälliger Sound, im Studio perfekt abgemischt und absolut chart-kompatible Texte, die das Lebensgefühl der Generation *Bravo* bedienen: Teils girlie-like und selbstbewußt (»Ich find dich Scheiße«), teils ausgesprochen dämlich (»Und zieht sich jetzt dein Pillermann / nicht sofort einen Gummi an«), teils souverän und ausgemacht intelligent (»Und warum? – Nur für den Kick, für den Augenblick?«) und teils ungeheuer banal (»Ich hab da 'nen Verdacht: / Wer das Geld hat, hat die Macht« – TON STEINE SCHERBEN lassen grüßen!).

Für eine gute Vermarktung bedurfte es außerdem noch

aufwendig produzierter und perfekt in Szene gesetzter Videoclips
und, last but not least, jeder Menge via *Bravo* gut plazierter Storys,
die den Eindruck erweckten, in den Songs von TIC TAC TOE erzählten drei Mädchen mit Namen Ricky, Lee und Jazzy ganz persönliche Geschichten aus ihrem Leben. So wußte Jazzy über den Hit
»Verpiß dich!« zu berichten: »Der Anfang – Einsam zieh ich durch
die Straßen ... – steht wörtlich so in meinem Tagebuch unter dem
Datum 23. August 1993. Auf der Seite sind sogar noch Spuren
von meinen Tränen zu sehen. So wie damals habe ich nie wieder
geheult.«

Die Rechnung ging auf. TIC TAC TOE verkauften in der
kurzen Zeit ihrer Existenz Millionen von Tonträgern. »Ich find dich
Scheiße« und »Warum« finden sich 1996 und 1997 unter den
zwanzig meistverkauften Singles (Platz 15 und Platz 5), ihre beiden
Alben »Tic Tac Toe« und »Klappe, die 2te« standen in den LP-
Charts von 1997 auf Platz 2 und auf Platz 8. Ein von der *Bild-*
Zeitung aufgewirbelter »Skandal« konnte der Popularität der drei
Girlie-Rapperinnen keinen Abbruch leisten. Im Gegenteil, die
Tatsache, daß sich Lee etliche Jahre vor ihrem Aufstieg zum
Popstar in einem Freudenhaus verdingte, entsprach geradezu
perfekt der Mär vom kleinen Mädchen, das sich aus der Scheiße
emporarbeitete und zum gefeierten Teenager-Idol avancierte. Dennoch zerbrach die Gruppe schon zwei Jahre, nachdem sie auf-
getaucht war: Die drei von ihrem Management zusammengewürfel-
ten »Freundinnen« waren der Gnadenlosigkeit der Branche nicht
gewachsen und zerstritten sich heillos. Am Ende einer zunächst
noch gemeinsam einberufenen Pressekonferenz Ende 1997 standen nur noch wüste gegenseitige Beschimpfungen. Jazzy und Lee
versuchten daraufhin ihr Glück zu zweit. Ein erster öffentlicher
Auftritt als TIC TAC TWO ging 1998 allerdings im Pfeifkonzert ihrer
enttäuschten Fans unter.

Trotz deutschem Rap und deutschem Rock, trotz Techno
und Heavy Metal »made in Germany« – einer Stilrichtung verschloß
sich die deutsche Musikindustrie bis in die neunziger Jahre hinein:
Der Ethno-Rock, die Symbiose aus Rock und Elementen traditioneller Volksmusik, wie er in fast allen Ländern der Erde gespielt
wird, fand hierzulande bislang keine Nachahmer.

In Frankreich mischen LES NEGRESSES VERTES schon seit Jahrzehnten die traditionelle Musik des Mahgrebs mit zeitgenössischem Rock. TAZENDA gehört in Italien mit ihrer zeitgenössisch aufgepeppten sardischen Folklore seit langem zu den Stammgästen der Hitparade. Der Flamenco-Rock der GIPSY KINGS ist in Spanien schon zur Institution geworden. Ebenso erfreuen sich RUNRIG mit modern eingespieltem Folk-Rock in ihrer schottischen Heimat großer Beliebtheit. – Und in Deutschland? Achim Reichel veröffentlichte in den Siebzigern eine LP mit rockig arrangierten Shanties, und später feierten HAINDLING mit Rockmusik, die Anleihen bei traditionellen bayerischen Volksweisen machte, erste Anerkennungserfolge. Ansonsten herrschte Schweigen. Volksmusik haftet offensichtlich auch fünfzig Jahre nach Kriegsende noch immer ein brauner Geruch an. Wer nicht Gefahr laufen wollte, in die nationalistische Ecke gestellt zu werden, der überließ die volkstümlichen Melodien dem *Musikantenstadel* sowie Ernst Mosch und seinen ORIGINAL EGERLÄNDERN.

Ganz anders ist die Situation in Österreich. Nach 1945 verstanden sich die Österreicher hervorragend auf Geschichtsklitterung und stellten sich vor der Welt (und auch vor sich selbst) nicht etwa als Täter, sondern als Opfer des Nationalsozialismus dar. Folgerichtig schlug die kulturelle Entwicklung der Nachkriegsära in der Alpenrepublik einen Weg ein, der sich in vielem von der Entwicklung in der BRD unterschied. Die Abwendung vom deutschen Schlager hin zum englischsprachigen Beat etwa vollzog sich dort in den sechziger Jahren wesentlich behutsamer, und viele deutsche Schlagergrößen, nach denen in der BRD kein Hahn mehr krähte, konnten in Österreich noch jahrelang auf die Gunst der Fans bauen.

Analog zum unverkrampften Umgang mit der deutschen Sprache gab es in Österreich auch deutlich weniger Vorbehalte, traditionell gewachsene musikalische Wurzeln ebenso selbstverständlich und spielerisch weiterzuentwickeln, wie es Schotten, Spanier und Sarden tun. Gruppen wie ATTWENGER sprengten mit ihrer »Volksavantgarde« sämtliche musikalische Grenzen und kreierten einen atemberaubenden Sound aus Schlagzeug, Akkordeon und gehetztem Sprechgesang. In Deutschland nahm solche

149

Schmankerln lange Zeit kein Mensch zur Kenntnis – bis Hubert von Goisern kam.

Hubert von Goiserns Rockmusik auf der Grundlage alpenländischer Weisen ist ein akustisches Attentat auf die Hörgewohnheiten aller Volksmusikpuristen: Fröhliches Gejodel unterlegt er mit wuchtigen Gitarrenriffs, Ländler und Schuhplattler versetzt er mit Rap, Reggae und Heavy-Metal-Beat. Dazu mischt er einen kräftigen Schuß schwarzen Blues und vor allem eine halsbrecherische Vokalakrobatik. So etwa in seinem »Juchitzer«, einem atemberaubenden Wechselspiel zwischen Kopfstimme, Trompete, laszivem Anheizen und Gegrunze, das die alte Behauptung, auf der Alm gebe es »koa Sünd« vollständig auf den Kopf stellt. Stimme und Instrument jagen einander, spornen sich gegenseitig zur Höchstleistung an und lassen eine musikalische Melange entstehen, die nicht nur im deutschsprachigen Raum ihresgleichen sucht.

Es hat lange gedauert, bis sich Hubert auch in Deutschland durchsetzte. Während er in seiner Heimat schon längst auf die Spitzenplätze sämtlicher Hitlisten abonniert war und Zehntausende zu seinen Konzerten pilgerten, tourte er hierzulande noch durch Turnhallen und Hinterräume von Pfarrgemeinden. Doch im Laufe der Zeit gelang ihm der Durchbruch auch in der Bundesrepublik. Nördlich der Mainlinie ist sein Bekanntheitsgrad zwar bis zum heutigen Tag noch relativ bescheiden, in Süddeutschland hingegen gehört er längst zu den ganz Großen.

Angesichts der massenhaften Musikproduktionen, mit denen sich der bundesdeutsche Fan Woche für Woche konfrontiert sieht, fällt es zunehmend schwer, den Überblick zu bewahren. Und so wundert es nicht, daß es eine Reihe von Musikern gibt, die im Getümmel untergehen.

Zum Beispiel Edo Zanki, Deutschrocker jugoslawischer Herkunft und eigenartigerweise nach fast drei Jahrzehnten Sangeslaufbahn noch immer Geheimtip. Kein anderer deutschsprachiger Interpret singt so schwarz wie er, und keiner stöhnt, heult und jault ähnlich unverhohlen aus dem tiefsten Bauch heraus. Wie er erotische Stimmungen und sexuelle Spannung rüberbringt, das macht ihm keiner so schnell nach, bei manchem seiner Songs fühlt man förmlich die schweißnassen Körper. Vor allem Zankis

Balladen haben es in sich. Zwei seiner souligen Titel, »Wunder«
und »30 000 Tage«, beide enthalten auf dem Album »Und wir kriegen uns doch« gehören zu den schönsten Liebesliedern, die je in
deutscher Sprache geschrieben wurden. Edo Zanki, das ist aller-
feinster Rhythm 'n' Blues der Meisterklasse!

Kritiker allerorten loben Edo beharrlich über alles. Für sie
ist er »Deutschlands bester Soulsänger« (so die *taz*), der »stets
wohltuend aus dem Gros deutscher Produktionen herausragt« (so
der *Musik-Express*). Doch das breite Publikum nimmt ihn kaum zur
Kenntnis, und zu seinen Auftritten kommen meist nur ein paar
hundert treue Fans. Verstehe das, wer will ...

Von den ÄRZTEN bis TIC TAC TOE, von PUR bis Edo Zanki: Fast alle
Rock- und Pop-Größen der neunziger Jahre stammen – mit
Ausnahme von RAMMSTEIN – aus dem Westen. Ost-Musik wird in
den alten Bundesländern kaum zur Kenntnis genommen. Im
Jahrzehnt nach der Wiedervereinigung ist Deutschland musikalisch
noch immer zweigeteilt.

Die staatlich gelenkte Kulturpolitik der DDR versuchte der
angloamerikanischen Rock- und Popmusik des imperialistischen
Klassenfeindes originär Deutschsprachiges entgegenzusetzen. So
entwickelte sich in den vierzig Jahren, die der zweite deutsche
Staat währte, eine blühende Musikszene, deren staatlich reglemen-
tierte Songs von Westlern, die sich für das Musikgeschehen hinter
dem Eisernen Vorhang interessierten, freilich überwiegend als bieder und aseptisch empfunden wurde. Ganze vier DDR-Titel erlangten im Laufe von vier Jahrzehnten in der Bundesrepublik eine
gewisse Popularität: CITYS wunderschöner Kult-Song »Am
Fenster«, »Über sieben Brücken mußt du gehn« und »Der blaue
Planet« von KARAT und Frank Schöbels epochaler Schmachtfetzen
»Wie ein Stern in einer Sommernacht.« Vier Titel in vier Jahrzehnten,
mehr nahm die Öffentlichkeit nicht zur Kenntnis. – Daran änderte
sich auch nach der Wende im großen und ganzen nichts.

Im Osten gingen PANKOW, PUHDYS, CITY und Konsorten
nach dem Fall der Mauer zunächst im allgemeinen Vereinigungs-
rummel unter. Für »Keine Angst«, das erste postrevolutionäre Album
von CITY oder für »Café Größenwahn«, das Plattendebüt der

ZÖLLNER, interessierte sich anfangs kaum ein Mensch. Zahlreiche Kapellen wie TRANSIT, ROCKHAUS oder ELEKTRA lösten sich infolge dessen auf. Ihre alten Fans, getrieben vom enormen Nachhol-bedarf, stürzten sich blind auf alles, was aus dem Westen kam. Doch je mehr sich Kohls Visionen von den »blühenden Landschaf-ten« als wenig seriöse Versprechungen entpuppten, um so mehr erwachte mit einmal auch wieder das Interesse an den Veteranen von einst. Sogenannte »Ossi-Diskotheken« spielen die Renner der DDR-Hitparaden von Nina Hagens »Farbfilm« bis SANDOWS »Born in the GDR« rauf und runter. Bands wie die PUHDYS und CITY, deren Platten vorübergehend selbst auf Grabbeltischen keine Käufer mehr fanden, waren plötzlich wieder voll da, ihre alten und auch ihre neu veröffentlichten Scheiben gingen weg wie warme Semmeln. Zuvor unbekannte Exoten wie BOBO IN WHITE WOODEN HOUSES oder DIE SKEPTIKER avancierten zu Stars.

Die Gruppe KEIMZEIT verkaufte seither mehrere Hundert-tausend CDs und spielt permanent in ausverkauften Hallen. Und die mittlerweile verstorbene Tamara Danz, Frontfrau der Gruppe SILLY, wurde zu einer Art Symbolfigur für das wiedererstarkte Selbstbewußtsein im Osten. Doch die Begeisterung für sämtliche Ostmusiker endet messerscharf da, wo früher die Mauer stand. Selbst in der vereinten Bundeshauptstadt musizieren Ost und West meist fein säuberlich getrennt. MESSER BANZANI und HERBST IN PEKING, ROCKHAUS, PLAN B und DIE FREUNDE DER ITALIENISCHEN OPER – im Westen sind sie so unbekannt wie die Stars aus Japan oder den Vereinigten Arabischen Emiraten. »Es wächst zusammen, was zusammengehört?« – Nimmt man das musikalische Ge-schehen im Deutschland der Neunziger als Gradmesser, so ist diese von Politikern gerne beschworene Formel von der Realität noch weit entfernt.

Eine Truppe allerdings hat den Marsch nach Gesamt-deutschland erfolgreich absolviert – wenn auch mit maßgeblicher Schützenhilfe aus dem Westen: DIE HERZBUBEN. Auch sie erlitten nach der Wende das für sämtliche DDR-Musiker typische Schicksal: »Kein Mensch interessierte sich mehr für Musik aus dem Osten, und keine Band hatte mehr so richtig was zu tun«, so schildern sie ihr ganz persönliches Wende-Fiasko in dem Buch

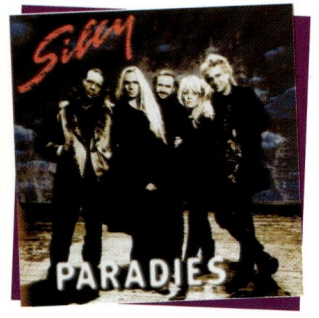

Küssen verboten – Momentaufnahmen aus der deutschen Rockszene. »Da haben wir nebenbei gejobbt. Jens ist Taxi gefahren, Tobias und Wolfgang haben Gesangsunterricht gegeben, Henry hat in einer Kneipe mitgearbeitet und Sebastian empfing von seinen Eltern jeden Monat hundert Mark«. Ebenso steil wie ihr Wendeabstieg verlief dann aber auch ihr Comeback: 1991 waren DIE HERZBUBEN wieder voll da.

Daß sie darüber hinaus auch im Westen zu Ruhm und Ehren kamen, dafür sorgte die Tatsache, daß Produzentin Annette Humpe (EX-IDEAL und EX-DÖF) die Truppe unter ihre Fittiche nahm. Um jede Verwechslung mit den westdeutschen WILDECKER HERZBUBEN, zwei Interpreten schlichter Sauflieder, tunlichst auszuschließen, gab sie den HERZBUBEN einen neuen Namen: DIE PRINZEN. Ihren A-cappella-Gesang unterlegten sie mit Schlagzeug und weiteren Instrumenten und schufen damit den typischen Sound, der DIE PRINZEN als erste Ossi-Formation zu gesamtdeutschen Erfolgen führte.

Frau Humpes wohl genialster Coup bestand darin, ihre Schützlinge im Westen mit Udo Lindenberg auf Tour zu schicken. Die gemeinsamen Auftritte mit dem Alt-Rocker machten DIE PRINZEN im Nu auch jenseits der Grenze zwischen Ost und West bekannt. Als sie dann kurze Zeit später solo durch die alten Bundesländer tourten, wurden sie von den Fans bereits sehnsüchtig erwartet. »Überall da, wo wir mit Udo schon zuvor einmal waren, und die Leute daher wußten, was passiert, waren die Säle voll.« In München etwa, wo sie vor der Tour mit Lindenberg gerade mal dreihundertundsechzig zahlende Besucher anlocken konnten, strömten nur vier Wochen später immerhin schon zweitausend zu ihrem Konzert. Vier ihrer Alben wurden in der Folgezeit mit Platin und Doppel-Platin ausgezeichnet. »Das Leben ist grausam« (1992 Platz 11 der Jahresbestsellerliste), »Küssen verboten« (1993 ebenfalls Platz 11), »Alles nur geklaut« (1995 Platz 20) und »Schweine« (1995 Platz 16).

Dem »Schweine«-Album entstammt auch der Song, der, prägnanter als jeder andere, die Situation aufs Korn nimmt, in der sich die einst so gutgläubigen »Ossis« Jahre nach ihrer Angliederung an den Westen wiederfanden: Hatten zunächst viele von ihnen noch geglaubt, nach dem Beitritt zum Geltungsbereich der DM würde es »vielen besser und keinem schlechter« (Kohl) gehen, so spürten sie nun bald die Schattenseiten einer Ellenbogengesellschaft, in der Solidarität wenig und Skrupellosigkeit um so mehr zählt: »Du mußt ein Schwein sein in dieser Welt, Schwein sein. / Du mußt gemein sein in dieser Welt, gemein sein. / Denn willst du ehrlich durch's Leben gehn, ehrlich, / kriegst du 'nen Arschtritt als Dankeschön, ehrlich!«

Mit ihren Songs füllten DIE PRINZEN eine Marktlücke. Seitdem es um die ERSTE ALLGEMEINE VERUNSICHERUNG deutlich stiller geworden war, hielt das Publikum begierig Ausschau nach neuen Interpreten spaßiger Lieder, und die PRINZEN vermochten dieses Bedürfnis besser als alle Interpreten zu befriedigen. Ähnlich erfolgreich mit witzigen Songs sind seither nur noch das aus dem RTL-Ulkreporter Wigald Boning und Ollie Dittrich bestehende Comedy-Duo DIE DOOFEN (»Nimm mich jetzt, auch wenn ich stinke, / denn sonst sag ich winke winke ...«) und die »singende Herrentorte« Helge Schneider, der mit »Katzeklo, Katzeklo, ja das macht die Katze froh« einen der definitiven Kultsongs des ausgehenden Jahrtausends kreierte.

Ganz schön bunt, diese Neunziger: A-cappella-Beat à la PRINZEN und Brachial-Rock à la RAMMSTEIN. Machismo à la RÖDEL-HEIMER und Girlie-Power à la TIC TAC TOE. Praller Punk à la TOTE HOSEN, geile Anmache à la Westernhagen und Sozialkitsch à la PUR. Nur der gute alte deutsche Schlager schien endgültig ausgespielt zu haben. Er, den die Bundesbürger einst so generationsübergreifend liebten und der mit Freddy, Caterina Valente, Peter Kraus und etlichen anderen so viele Stars hervorgebracht hatte, die zu Ikonen wurden, litt an Altersschwäche. Seit Nicoles »Ein bißchen Frieden« (1982) und Nino de Angelos »Jenseits von Eden« (1984) verirrte sich kaum noch ein Schlagerstar in die deutschen Bestsellerlisten.

Eine Ausnahme ist Drafi Deutscher. Der alte Haudegen mischt seit seinem Comeback, das er 1984 unter dem Pseudonym MASQUERADE mit »Guardian Angel« feierte, im musikalischen Geschehen wieder lebhaft mit. Seinen erneuten Ruhm begründeten zum einen so großartige Hits wie »Unsre Herzen frieren« oder »Das

11. Gebot« und zum anderen Chartbreaker wie »You want love« und »Just for you«, die er gemeinsam mit Oliver Simon als Mixed Emotions veröffentlichte. Nicht nur seine Singles erweisen sich als beständige Verkaufsschlager, auch viele seiner LPs sind sichere Dauerbrenner. So etwa »Gemischte Gefühle«, eine Platte voller musikalischer Darbietungen, bei denen es dem Hörer eiskalt den Rücken hinunterläuft – beispielsweise »Weil ich dich liebe«, eine pompöse Eindeutschung von Bob Dylans Instrumentaltitel »Big Wam«. (Ob Dylan je mitbekommen hat, was Deutschlands Schlagerfossil mit seinem Song anstellte?)

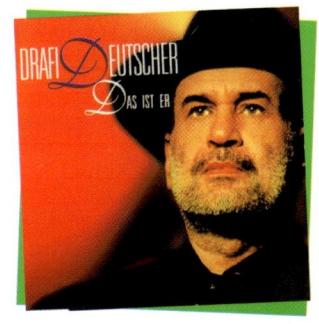

Höhepunkt der Scheibe ist »Herz-an-Herz-Gefühl«, ein bombastisches Epos mit einem grandiosen, gleichermaßen epochalen wie auch göttlich banalen Text. Bereits die ersten Zeilen ziehen den Hörer in ihren Bann: »Seit ich dich fand, hab ich wieder dieses Herz-an-Herz-Gefühl. / Seit es dich gibt, ist mir jede Stunde ohne dich zuviel. / Du machst mir Mut, die Armee der Träume kleidet sich zivil. / Du zündest Feuer an, / die ich nicht löschen kann. / Du gibst mir dieses Herz-an-Herz-Gefühl.« Derart eingestimmt durch träumende Armeen und unlöschbare Brände bleibt dem Hörer nichts anderes übrig, als sich der geballten Intensität dieser Gefühle bedingungslos hinzugeben – doch nicht genug: Alsbald steigert sich Herrn Deutschers vibrierendes Tremolo. Unterlegt von einem donnernden Pathos, das ihn als legitimen Enkel von Guiseppe Verdi ausweist, versichert er der Dame, der sein Lied gilt, ihre »Kraft zur Zärtlichkeit« habe ihm seinen »Stolz zurückgegeben«. Das wiederum mache ihn »atemlos«, und daher bittet er sie flehentlich: »Baby, Baby, bitte bleib, / bleib bei mir, / du hast zuviel Emotionen aufgewühlt. / Du läßt mir keine Wahl, / ich sterbe nicht noch mal / an diesem dummen Herz-an-Herz-Gefühl.« Sie meinen, das alles seien nichts weiter als schon hundertfach wiedergekäute Leerformeln und im Grunde kalter Kaffee? – Gewiß. Aber nennen Sie mir einen Menschen, der solche gleichermaßen abgeschmackten wie inhaltsleeren Reime ähnlich souverän und überwältigend präsentiert wie das unermüdliche Stehaufmännchen Drafi Deutscher!

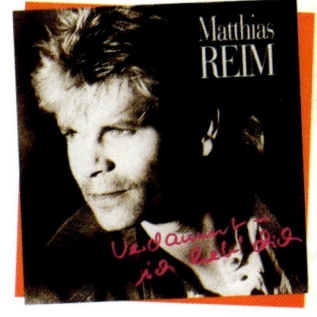

Außer Drafi gab es in den zwölf langen Jahren von 1985 bis 1996 nur noch einen weiteren Schlagerstar, der sich auf einem vorderen Platz in den Charts plazieren konnte: 1990 rangierte

Matthias Reim mit seiner Debüt-Single »Verdammt, ich lieb dich« ver-
dientermaßen knapp ein halbes Jahr lang auf Platz 1 der Single-
Charts. Der rockig arrangierte Song und Reims Reibeisen-Stimme,
die beim ersten Anhören ein wenig an Grönemeyer erinnert (was als
Kompliment verstanden werden darf), ließen die Hoffnung aufkommen, die Zunft der Schlagermacher könnte sich nochmals aufrap-
peln. Doch der Titel war nur ein Strohfeuer. Die Folgesingle »Ich hab
geträumt von dir« war nichts weiter als ein »Nachzieher«, ein durchschlagender Erfolg war Matthias Reim kein weiteres Mal beschieden.

Beim Übergang zu den Neunzigern erlebte statt dessen eine längst
ausgestorben geglaubte musikalische Spezies ein Revival: Die
Heimatschnulze. Wer dachte, Lieder wie »Heideröslein« und
»Köhlerliesel« seien spätestens '68 auf dem Altar des Fortschritts
geopfert worden, der mußte sich eines Besseren belehren lassen.
1989 plazierten sich auf Rang 10 der Jahres-Single-Hitparade als
ORIGINAL NAABTAL DUO zwei kerngesund und absolut unverdorben
aussehende junge Männer in Krachledernen. Sie trällerten ein
Liedchen, das Marianne Strauß, der Gattin des einstigen CSU-
Chefs Franz Josef Strauß, gewidmet war: »Patrona Bavariae«, ein
Loblied auf die Herrgottsmutter: »I haob amoi a Maderl g'hobt, des
hat mi nimmer g'wolln. / Koa Telefon, koa Bild von ihr, ein andrer
hat's mer g'stohln.« (Ja, Sie lesen richtig: Ein anderer hat ihm sein
»Maderl« gestohlen – und das nach zwanzig Jahren Frauenbewegung!) »Da bin i nachts an'n Waldesrand, wo's kloane Kircherl
steht. / Maria hilf, so hob i g'sagt, du weißt, wie's weitergeht. /
Patrona Bavariae / hoch überm Sternenzelt, / breite deinen Mantel
aus / über unser Land. / Und wenn ich mal Sorgen hob / und mir
die Hoffnung fehlt, / Patrona Bavariae, nimm mich an deine Hand. /
Patrona Bavariae, / führ mich durch unser Land.«

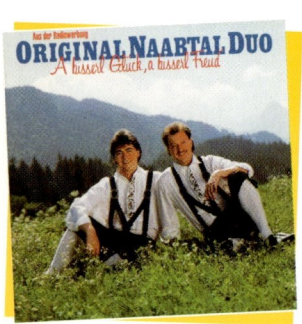

Doch damit nicht genug: 1990 folgte der nächste Schlag.
Zwei aus dem nördlichen Hessen stammende beleibte Herren,
einer davon mit einem struppigen Vollbart, eingekleidet in pludrige
Kniebundhosen, weite weiße Hemden, rote Westen und flache,
runde Hüte, die stark denen ähneln, die das Personal der Restau-
rantgruppe »Mövenpick« auf seinen Köpfen trägt. Sie nannten sich
die WILDECKER HERZBUBEN und sangen zum trauten Schunkelrhyth-

mus die Zeilen: »Herzilein, / du mußt net traurig sein. / I weiß, du bist net gern allein, / und schuld war doch nur der Wein.«

Was war passiert? War der Muff der fünfziger Jahre zurückgekehrt? – Nun, ganz verschwunden war die Heimatschnulze ja nie. Sie spielte zwar längst nicht mehr die Rolle wie einst in der Nachkriegsära, doch konnte sie immer auf ein konstantes Arsenal begeisterter Anhänger zählen. Wenn »Lustige Musikanten« auf Tournee ging, dann waren stets die größten Hallen ausverkauft. Stars wie der Jodlerkönig Franzl Lang, Mimi Herold oder Hansl Krönauer versorgten ihr Publikum sehr erfolgreich mit deutscher, garantiert von ausländischen Einflüssen freier Musik. Anders als der deutsche Schlager, in dem sich längst jede Menge Anglizismen breitgemacht hatten, sangen die Volkstümlichen weiter unbeirrt vom »Schatz in den Bergen« und vom »lieben Kind, so hold und rein«. Sennerin und Sennerbua erfreuten sich ungebrochen an Almenrausch und Edelweiß. Sex fand bei ihnen nicht statt, schon alleine beim Gedanken daran erröteten sie schamhaft – allenfalls gab es ein scheues »Busserl«. Die Heile-Welt-Idylle der Heimatschnulze korrespondierte stets mit – vorsichtig ausgedrückt – stockkonservativen politischen Positionen. Die deutschnationale Ideologie des »Dreigeteilt? – Niemals!« hatte im Dunstkreis der *Volkstümlichen Hitparade* wacker überlebt und Kalte-Kriegs-Witze, die einige Interpreten bei ihren Auftritten gerne zwischen die einzelnen Lieder einstreuten, garantierten stets ausgelassenes Schenkelklopfen.

Volkstümliche Fernsehsendungen wie *Im Krug zum grünen Kranze* erzielten bereits in den Siebzigern Einschaltquoten von knapp 50%, wurden von den öffentlich-rechtlichen Programm-Machern jedoch eher stiefmütterlich behandelt. Die Distanz der zuständigen Damen und Herren in den Sendeanstalten zu solcherlei musikalischen Elaboraten war einfach zu groß. Da es noch keine private Konkurrenz gab, brauchte man sich um den Geschmack des Publikums nicht sonderlich zu kümmern. Wer sprach damals schließlich schon von Quote?

Das änderte sich schlagartig mit dem Aufkommen der privaten Sender. Bei ihnen wurden die Freunde der Wald- und Wiesen-Lieder konstant ausgegrenzt, da sie sich überwiegend aus der Gruppe der für die Werbeindustrie zunächst weniger interessanten über Fünfzigjährigen rekrutieren. ARD und ZDF, von Werbeeinnahmen weitgehend unabhängig, nahmen sich nun dankbar eben dieser Zielgruppe an, die ihnen fürderhin beständige Traum-Sehbeteiligungen bescherte. Der 1988 ins Leben gerufene *Grand Prix des Volkstümlichen Schlagers* erreicht zur besten samstäglichen Sendezeit konstant zwischen 6 und 8 Millionen Zuschauer. Beständig plazieren sich unter den zehn meistgesehenen Musiksendungen im deutschen Fernsehen (öffentlich-rechtlich und privat) neun volkstümliche Sendungen. 1996 etwa auf Platz 1 das *Winterfest der Volksmusik* mit 8,18 Millionen, gefolgt vom *Musikantenstadel* mit 7,97 Millionen Zuschauern. Zum Vergleich: Die meistgesehene Rock- und Pop-Sendung war im selben Jahr *Ostern mit der Kelly Family* mit 4,78 Millionen, die ZDF-Sondersendung *Take that* verfolgten gerade mal knapp eine Million Fans.

Der Boom von Gruppen wie NAABTAL DUO und WILDEKKER HERZBUBEN hatte indes neben dem Kampf um die Quote noch einen zweiten Grund: NAABTAL und HERZBUBEN profitierten ganz enorm vom Fall der Mauer. Als sich am 9. November 1989 die Grenze zwischen Ost und West öffnete, waren innerhalb weniger Tage im Umkreis von hundert Kilometern alle Schallplatten des NAABTAL DUOS ausverkauft. Der *Musikantenstadel* erlebte zu dieser Zeit in der Noch-DDR eine Sehbeteiligung von 70%. Heino lockte bei seinen ersten Konzerten in Ostdeutschland Zehntausende Fans an. Selbst der abgehalfterte Heintje, der als Mann in den Vierzigern »Mama« und »Oma so lieb« anstimmte, füllte, so unfaßbar es klingen mag, spielend die größten Hallen. Ähnlich erging es dem damals 13jährigen Trompeter Stefan Mross, einem »Wunderkind«, über das seit Jahren spekuliert wird, ob es denn nun sein Instrument selber bediene oder andere für sich spielen lasse.

Ursächlich für derart überschwappende Begeisterung ist nicht zuletzt die von der SED vierzig Jahre lang betriebene Kulturpolitik, für die die intensive Pflege der Volksmusik (oder das, was man dafür hielt) eine Waffe im Feldzug wider musikalische Einflüsse aus dem dekadenten Westen war. Selbst Hanns Eisler und Johannes R. Becher, die Autoren der DDR-Nationalhymne, mußten »neue deutsche Volkslieder« komponieren. Die Ostdeutschen wur-

den so von klein auf an volkstümelnde Klänge gewöhnt. Folgen
dieser Politik bekommt der Bundesbürger bis zum heutigen Tag
zu spüren: mit Protagonisten des volkstümlichen Schlagers wie
Carmen Nebel, Achim Menzel, Ingo Dubinski und, allen voran, mit
der unvermeidlichen Stefanie Hertel (»Wir baun uns 'ne Welt voller
Sonnenschein, / da lassen wir keinen von draußen rein …«).

Doch es bleibt ein Trost: Ewig wird dieser Spuk nicht
währen. Die Plattenumsätze der Volksmusikanten purzeln längst in
den Keller. Die *Volkstümliche Hitparade* des ZDF verlor zwischen
1993 und 1997 fast die Hälfte ihrer Zuschauer. Verfolgten damals
stolze 6,17 Millionen den Wald- und Wiesen-Contest, so sind es
heute noch ganze 3,42 Millionen, Tendenz weiter fallend. Der
Grund für diese Entwicklung liegt auf der Hand: Satte 3 dieser
3,42 Millionen Zuschauer sind älter als fünfzig Jahre, der größte Teil
davon wiederum älter als 65 – mithin Angehörige der Generation,
die mit »Heideröslein« und »Köhlerliesel« aufwuchs. In einigen Jahren wird sich die Bevölkerungsgruppe der Senioren hingegen aus
Menschen rekrutieren, die (zumindest im Westen) mit den BEATLES
und den STONES aufwuchsen. Sie werden sich vermutlich auch auf
ihre alten Tage weniger für das NAABTAL DUO als für Chris De
Burgh, Céline Dion, Phil Collins oder Andrea Bocelli begeistern.

Mit ähnlichen Problemen sieht sich auch die *ZDF-Hitparade* konfrontiert. Die mittlerweile von Uwe Hübner moderierte
Sendung wird ebenfalls vor allem von älteren Fernsehzuschauern
geschätzt. Es gibt jedoch immense Bestrebungen, die jüngeren
Jahrgänge für den samstäglichen Schlagerwettbewerb zu begeistern: So verbannt man seit einiger Zeit ältere Zuschauer im Studio
auf die hinteren Ränge, wo sie die Kamera nur selten streift. Die
Schönen und Jungen indessen, die an ihre Stelle traten, hat der
Sender engagiert: Mädchen mit bauchfreien T-Shirts und Jungs in
flotten Designer-Jeans. Sie hüpfen einstudiert um Hübner herum,
der den Millionen daheim stets auf Neue zuruft: »Die Jugend liebt
den deutschen Schlager!«

Von wegen! Die 6,53 Millionen Interessenten, die die Sendung noch 1993 verfolgten, schrumpften im Januar 1998 (das ist
die letzte mir bei Erstellung dieses Buches vorliegende Auswertung)
auf gerade noch knapp 3 Millionen – weniger als die Hälfte. Die

Tendenz ist auch hier konstant fallend. Und ähnlich wie bei den Volkstümlern sind auch die *Hitparaden*-Zuschauer vornehmlich älteren Semesters: 1,84 Millionen, fast zwei Drittel, sind älter als 50 Jahre. Zum Vergleich: Nur ganze 50000 Jugendliche zwischen 14 und 19 Jahren verfolgten 1998 die Januar-Ausscheidung.

Und so wundert es nicht, daß die Stars der *ZDF-Hitparade* unter jungen Musikfans nur auf äußerst geringe Resonanz stoßen. BRUNNER UND BRUNNER, DIE PALDAUER, IBO, DIE FLIPPERS, CARRIÈRE, und wie sie alle heißen, unterscheiden sich von den Stars der *Volkstümlichen Hitparade* vor allem durch die Tatsache, daß sie auf trachtenähnliches Outfit verzichten und nicht in Mundart, sondern in Hochdeutsch singen. Doch gleich, ob nun »Sommernacht in Rom« oder »Die rote Sonne von Barbados«, die Themen der Schlagermacher sind abgedroschen und musikalisch uninteressant. Nur selten läßt ein Titel aufhorchen: Michelles »Heut nacht will ich tanzen« (1993) oder Gaby Baginskys »Männer verstehn nur, was sie wolln« (1998) sind fast schon einsame Glanzlichter. Sei noch Claudia Jung zu nennen, die mit sanft-romantischen Balladen wie »Komm und tanz ein letztes Mal mit mir« zu einer vielversprechenden Hoffnungsträgerin avancierte. Doch das sind seltene Ausnahmen. Für gewöhnlich herrscht in der *ZDF-Hitparade* öde Langeweile.

Warum nur müssen Schlager stets so einfallslos sein? Die großen Plattenfirmen haben für jeden Musikstil – sie nennen das Marktsegment – eine eigene Abteilung. Die eine Sektion bedient etwa die Raver, eine andere die Rock-Fans und eine dritte die Freunde von Schlager und Volksmusik, sprich: das ältere, konservative Publikum. Sektion 1 produziert Blümchen, Sektion 2 Grönemeyer und Sektion 3 ist für DIE FLIPPERS und das NAABTAL DUO zuständig. Musiker, die sich nicht ohne weiteres einem dieser Marktsegmente zuordnen lassen, fallen durch das Raster. Für Schlagermacher, die sich an jugendliche, nicht explizit konservative Musikfreunde wenden, fühlt sich weder die Rock- und schon gar nicht die Schlager- und Volksmusik-Abteilung zuständig. Diese Musiker haben somit von vornherein keine Chance.

Doch gerade der schräge, nicht den gängigen Klischees entsprechende Schlager erlebte seit den frühen Neunzigern einen

enormen Boom – allerdings im Verborgenen. Vor allem in der
schwulen Szene griff ein Schlagerfieber ungeahnten Ausmaßes
um sich. Außerhalb dieser Subkultur herrschte Konsens darüber,
Schlagermusik sei das Letzte vom Letzten. Wer sie dennoch
mochte, der hörte sie heimlich, mit Kopfhörern, wenn garantiert
niemand sonst zu Hause war. Anders die Homos: Sie, seit jeher
nonkonform, scherten sich einen Dreck um solche Gruppen-
zwänge. Ikone Marianne Rosenberg stieß mit Remixes ihrer Hits
aus den Siebzigern in der Szene auf enthusiastische Begeisterung.
Auch ihre neuen Songs wie »Geh vorbei« oder »Frage niemals, wer
der andere war«, vom heterosexuellen Publikum kaum zur Kenntnis
genommen, avancierten im Nu zu Kult-Songs der Schwulen.

  Ganz besonders schräge Schlagerfreaks gibt es in
München, unter ihnen ein homophiles Sexidol namens Rex Kildo
(ursprünglich: Rex Dildo, aber da gab es Ärger mit Gildo) und eine
bajuwarische Hausfrau namens Petra Perle. Sie organisierten alljährlich eine Veranstaltung, die sich *Der wahre Grand Prix* nannte.
Was dort geboten wurde, zählte teilweise zum Feinsten vom
Feinen. 1996 etwa triumphierte auf Rang 1 eine Formation, die sich
HANSI HINTERHOLZER UND DIE CADILLACS nannte, mit der wunderbaren Ballade »Wenn Gummistiefel träumen«, 1997 ging das nicht
minder großartige Duo CLIFF UND REXONAH mit dem Titel »Ich fand
das ganz große Glück im Zug nach Osnabrück« als Sieger hervor.

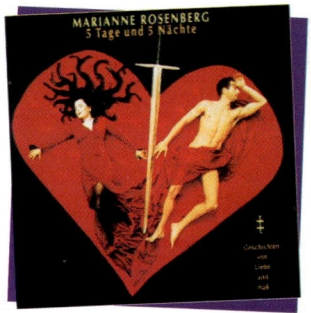

  Auch ROSENSTOLZ waren anfänglich ein Geheimtip der
schwulen Szene. Der unverschämt gutaussehende Peter Plate und
die operettengeschulte Musikalienhändlerin AnNa R. tingelten jahrelang mit ihren deutschsprachigen Popsongs durch subkulturelle
Etablissements wie das *SchwuZ* in Berlin oder die *Schwule Sau* in
Hannover. Ihre gefühlsintensive Melange aus Gassenhauern, Rock-
Arien, hintergründigen Schnulzen und Erotic-Rap; die herrlich un-
bekümmert trällernde AnNa R., die tremoliert und schmachtet, daß
die Fetzen fliegen; Schlagzeug, Keyboard, Gitarre (und zuweilen ein
paar Streicher der Deutschen Oper), die ihrer Stimme gekonnt
schmeicheln und emotional ausdrucksstarke Verse, wie sie ihresgleichen suchen. – All das wußte lange Zeit nur eine kleine, aber
feine Fangemeinde zu schätzen. Mal lauschten zehn, mal zwanzig,
manchmal gar hundert zahlende Gäste ihren beiden Idolen.

161

»Pop«, so das Credo von Rosenstolz, »ist schrill, jauchzt himmelhoch, trauert tief, hat keine Angst vor Pathos, läßt den Tränen freien Lauf und löst sich auf in charmanter Selbstironie.« Versuche, bei der Plattenindustrie zu landen, schlugen beharrlich fehl, denn ihre Musik ließ sich – siehe oben – keinem Marktsegment zuordnen. Rosenstolz veröffentlichten ihre Songs daher zunächst weitab der breiten Öffentlichkeit bei einem kleinen unabhängigen Label. Als dann 1994 einer ihrer Titel (»Nur einmal noch deine Lippen spüren / Küsse wie Honig auf meiner Seele / Nur einmal noch diesen Abgrund fühlen / ganz ohne Fallschirm wie ein Blatt im Wind ...«) mehrmals täglich im Berliner *Radio Fritz* lief, avancierte das Duo zu einer regionalen Berühmtheit. Ihre Konzerte wurden nun regelmäßig von mehr als tausend Fans besucht. Endlich wurde auch die Industrie auf sie aufmerksam. Seither erscheinen ihre CDs bei Polydor.

Noch vor einem halben Jahrhundert bekamen Schwule den rosa Winkel angeheftet und wurden in Konzentrationslagern umgebracht. Nun, im auslaufenden zweiten Jahrtausend, erlangten sie einen Status, den zuvor kein Mensch für möglich gehalten hätte: Im Zeitalter der aufweichenden Geschlechterrollen wurden sie als *everybody's darling* zu Trendsettern. Ob Ohrring oder Kurzhaarschnitt, ob Gianni Versace oder Karl Lagerfeld – schwuler Lebensstil ist *hip*. Auch musikalisch geben sie mit PET SHOP BOYS, ARMY OF LOVERS, Freddy Mercury, ERASURE, Jimmy Sommerville, Elton John oder Holly Johnson von FRANKIE GOES TO HOLLYWOOD längst den Ton an. So war es im Grunde nur eine Frage der Zeit, wann der unter Homosexuellen grassierende Schlagerenthusiasmus auf den Rest der Gesellschaft überschwappen würde. Und tatsächlich: Spätestens als sich mein Sohn für eine Party meine Rosenberg-CDs auslieh, war mir klar: Der Schlager hatte es geschafft, aus dem schwulen Ghetto auszubrechen und befand sich auf dem besten Weg, Teil des gesamtgesellschaftlichen Mainstreams zu werden.

Plötzlich feierten Teenies orgiastische Schlagerpartys, und mit Dieter Thomas Kuhn und Guildo Horn und seinen ORTHO-PÄDISCHEN STRÜMPFEN fand die neuerwachte Schlagerleidenschaft auch gleich zwei frenetisch umjubelte Protagonisten. Ihre meisterhaften Versionen von Songs wie »Fremde oder Freunde«, »Tränen lügen nicht«, »Eine neue Liebe ist wie ein neues Leben« und »Wunder gibt es immer wieder« machen deutlich, was die TOTEN HOSEN schon in den Achtzigern – damals allerdings noch mit weit weniger Resonanz als heute Kuhn und Horn – andeuteten: Das Gros der alten Hits hat einen enormen Unterhaltungswert. Bei Dieter Thomas Kuhn und Guildo Horn stinkt diese Musik nicht mehr so penetrant nach Kernseife wie in der Interpretation der biedermännischen und sauber herausgeputzten CDU-Wahlkämpfer vom Schlage eines Howard Carpendale. Es war lediglich eine Frage der Zeit, wann die alten Songs wieder aus der Versenkung hervorgeholt und entstaubt würden.

Und nun, da Schlager mit einmal wieder *in* waren, outeten sich plötzlich auch *die* Schlagerfreunde, die jahre- oder jahrzehntelang ihre geheime Leidenschaft verleugnet hatten. Sie hatten sich bis dato kaum getraut, in einem Plattenladen nach ihren Lieblingssongs zu fragen – aus Angst, ein Verkäufer könnte sie scheel anschauen. Damit ist es jetzt vorbei. Der Schlagersänger Wolfgang

Petry hatte 1976 mit einem einzigen Song (»Sommer in der Stadt«) durchschlagenden Erfolg. Ein ähnlicher Hit glückte ihm in all den Jahren kein zweites Mal, sämtliche veröffentlichte Songs landeten, wenn überhaupt, irgendwo im Mittelfeld der Charts. 1997 schließlich veröffentlichte er das Album »Alles«, auf dem noch einmal der '76er »Sommer«-Hit mit 19 anderen Songs aus den Siebzigern vereint ist, angepriesen als »Seine zwanzig größten Hits«. Was keiner, am wenigsten wohl er selbst für möglich gehalten hatte, die Platte schnellte unmittelbar nach Veröffentlichung auf Platz 1 der Charts, hält sich seither konstant unter den TOP 20 (zur Zeit, da diese Zeilen niedergeschrieben werden, seit 97 Wochen!) und wurde für unglaubliche 1,5 Millionen verkaufte Exemplare bereits dreifach mit Platin ausgezeichnet. Eine parallel veröffentlichte Singleauskoppelung (»Die längste Single der Welt«) verkaufte sich ebenfalls mehr als einemillionmal und ist damit nicht nur die »längste«, sondern auch die am längsten in den deutschen Charts notierte Single aller Zeiten. Als ähnlich erfolgreich erwies sich Petrys Folge-CD »Nie genug«. Auch sie ging bereits sechs Monate nach Veröffentlichung mehr als einemillionmal über die Ladentheken.

Wolfgang Petrys rockig arrangierte Songs gehören gewiß zum flottesten, was in Deutschland in den letzten zwanzig Jahren als »Schlager« firmierte. Auf seinen Live-Konzerten geht die Post ab; Kritiker preisen ihn vielerorts bereits als einen »zweiten Peter Maffay«. – Daß ein derartiges Hitpotential über zwei Jahrzehnte vor sich hin schlummerte, zu diesem Phänomen ist wohl früher oder später eine Dissertation im Fachbereich Sozialpsychologie fällig.

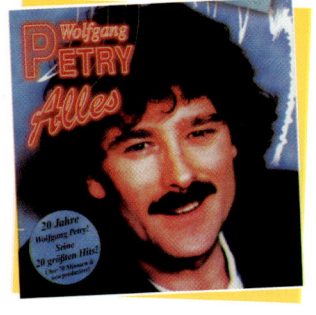

Einen noch größeren Coup in Sachen »Deutscher Schlager« landete Guildo Horn anläßlich der Deutschen Vorentscheidung zum Grand Prix d'Eurovision 1997. Der »Meister« vollbrachte mit einer generalstabsmäßig durchgeführten PR-Kampagne eine wahrlich »meister«hafte Leistung: Zwischen acht und zehn Millionen deutscher Fernsehzuschauer verfolgten plötzlich diese seit Jahrzehnten kaum beachtete Sendung. Bislang war der Vorentscheid zum Grand Prix, ähnlich wie die ZDF-Hitparade, eine Veranstaltung für Rentner gewesen. Das änderte sich 1998 schlagartig: Vom

Kleinkind bis zur Oma fieberte etwa jeder zehnte Bundesbürger der Entscheidung entgegen, welcher der zehn vorgestellten Titel das Rennen machen würde. Guildo Horn verstand es perfekt, sich im Vorfeld der TV-Liveübertragung als ein Medienereignis erster Güte zu präsentieren. Es gab in den Wochen zuvor kaum eine deutsche Zeitung, kaum eine TV-Talkshow und kaum ein Rundfunkprogramm, das sich nicht Fragen gewidmet hätte wie »Darf dieser Mann für Deutschland singen?« oder »Spaltet Guildo Horn die deutsche Nation?«. *Bild* widmete dem neudeutschen Schlagerstar gleich dreimal hintereinander eine Schlagzeile. Der Erfolg blieb nicht aus: Des Meisters Song »Guildo hat euch lieb!« wurde von den Fans per Ted souverän mit 62 % der Anrufe auf Platz 1 gewählt. Mit diesem Sieg deutete sich ein Generationswechsel in der jahrzehntelang so miefigen Schlagerbranche an, der sich auch im europäischen Rahmen zu vollziehen scheint.

Der siebte Platz für Guildo im Endausscheid des Grand Prix d'Eurovision ist schließlich das beste Ergebnis für einen deut-schen Teilnehmer seit Jahren und legt die Vermutung nahe, daß Guildos Botschaft »Piep, piep, piep« auch in anderen Ländern erhört und wohlwollend aufgenommen wurde. Die Mega-Ver-anstaltung war hierzulande ein Rekord-Medienereignis, das 12,4 Millionen deutsche Zuschauer an den Bildschirmen verfolgten, das heißt, die Hälfte der Menschen, die an diesem Abend in Deutschland auf die Mattscheibe starrten, sahen die Übertragung der ARD! Was für eine Quote!

Die deutsche Grand Prix-Vorentscheidung war jedoch nicht nur für Guildo ein Volltreffer, sondern zeigte, daß inzwischen mehrere Plattenfirmen auch auf schräge und unkonventionelle Titel setzen. Neben Guildo hatten noch andere, relativ unbekannte Teilnehmer eine Chance, sich einem Millionenpublikum zu präsentieren, wie etwa der auf Rang 4 telegevotete Fokker (alias Christian von Richthofen). Bis dato Geheimtip von Besuchern des Hamburger »Schmidt«-Theaters, konnte er an diesem Abend womöglich den Grundstein seiner Sangeskarriere legen. Sein »Gel Song« (»Mit dem Knie trat sie mir in die Hoden, / aber in mein Leben trat sie nie ...«) macht neugierig auf das, was dieser junge Mann noch zu bieten hat.

Auch ROSENSTOLZ waren an diesem Abend mit von der

Partie. Sie landeten mit ihrer wunderschönen Ballade »Herzens-schöner« (für die ich mir an diesem Abend fast die Finger wund-wählte) zwar »nur« auf Rang 2, aber mit einem Schlag waren sie nun der gesamten Nation ein Begriff. »Herzensschöner« wurde denn auch prompt zum ersten ganz großen Hit von Peter Plate und AnNa R. »Als ich eines Tages dachte, daß ich verloren bin, / begra-ben und verloschen, küßtest du mir Sinn / in mein verstaubtes Leben, in meiner Seele Eis, / und ich begann zu glauben, ein Feuersturm wär heiß. / Mach's gut, mein Herzensschöner, nun lasse ich dich ziehn. / Vergiß, was ich gewollt hab, auch Scherben können blühn.« – Solch liebevolle und zärtliche Lyrik versprüht einen bislang im deutschsprachigen Liedgut nicht gekannten intimen Zauber, dem Schlagerfreunde ebenso erliegen wie Rockfans, Teenies wie Rentner und biedere Familienväter wie kernige Leder-kerle. AnNa und Peter gelang damit etwas, was bis dato unmöglich schien: Das betagte Publikum der *ZDF-Hitparade* feiert ROSENSTOLZ mit derselben Hingabe wie juvenile VIVA-Gucker. Und Punkies jubeln ihnen in gleicher Weise zu wie frisch gefönte Sekretärinnen und schlagerbegeisterte schwule Buchhändler.

Gut vorstellbar, daß »Herzensschöner« einst zu den Liedern zählen wird, die das Lebensgefühl der ersten fünfzig Jahre Bundesrepublik widerspiegeln und immer wieder gerne gehört und gesungen werden – gemeinsam mit Songs wie Grönemeyers »Männer« und Trios »Da da da«, Udo Lindenbergs »Andrea Doria«, Drafis »Marmor, Stein und Eisen«, Freddys »Heimweh« und Rudi Schurickes Lied, mit dem alles anfing: »Wenn bei Capri die rote Sonne im Meer versinkt ...«.

1990

Deutsche Hits
Deutschsprachige Titel unter den 20 meistverkauften Singles und LPs

Singles:

Matthias Reim: Verdammt, ich lieb dich 1

Wildecker Herzbuben: Herzilein 16

Matthias Reim: Ich hab geträumt von dir 18

LPs:

Matthias Reim: Reim 6

Marius Müller Westernhagen: Halleluja 9

EAV: Nepomuks Rache 17

Die Toten Hosen: Auf dem Kreuzzug ins Glück 18

1991

Deutsche Hits
Deutschsprachige Titel unter den 20 meistverkauften Singles und LPs

Singles:

Torfrock: Beinhart 6

Diether Krebs und Gundula: Ich bin der Matin, ne 10

LPs:

Marius Müller Westernhagen: live 10

Herbert Grönemeyer: Luxus 17

1992

Deutsche Hits
Deutschsprachige Titel unter den 20 meistverkauften Singles und LPs

Singles:

Connie Francis: Jive Connie 10

LPs:

Marius Müller Westernhagen: JaJa 4

Die Prinzen: Das Leben ist grausam 11

1993

Deutsche Hits
Deutschsprachige Titel unter den 20 meistverkauften Singles und LPs

LPs:

Herbert Grönemeyer: Chaos 10

Die Toten Hosen: Kauf mich 12

Pur: Seiltänzertraum 17

Die Fantastischen Vier: 4 gewinnt 18
Die Prinzen: Küssen verboten 20

1994

Deutsche Hits
Deutschsprachige Titel unter den 20 meistverkauften Singles und LPs

Singles:
Lucilectric: Mädchen 14
Mo-Do: Eins, zwei Polizei 18

LPs:
Pur: Seiltänzertraum 10
Marius Müller Westernhagen: Affentheater 12
Die Ärzte: Die Bestie in Menschengestalt 13
Die Toten Hosen: Reich und sexy 14
Die Prinzen: Alles nur geklaut 20

1995

Deutsche Hits
Deutschsprachige Titel unter den 20 meistverkauften Singles und LPs

Singles:
Die Fantastischen Vier: Sie ist weg 15
Das Modul: Computerliebe 17
Dolls United: Eine Insel mit zwei Bergen 20

LPs:
Pur: Abenteuerland 3
Die Doofen: Lieder, die die Welt nicht braucht 5
Die Schlümpfe: Tekkno ist cool 7
Marius Müller Westernhagen: Affentheater 8
Die Prinzen: Schweine 16
Pur: Seiltänzertraum 2

1996

Deutsche Hits
Deutschsprachige Titel unter den 20 meistverkauften Singles und LPs

Singles:
Die Toten Hosen: Zehn kleine Jägermeister 12
Tic Tac Toe: Ich find dich Scheiße 15

LPs:
Die Toten Hosen: Opium fürs Volk 4
Pur: Live II 8
Pur: Abenteuerland 10
Die Schlümpfe: Alles Banane 14
Peter Maffay: Sechsundneunzig 16

1997

Deutsche Hits
Deutschsprachige Titel unter den 20 meistverkauften Singles und LPs

Singles:
Tic Tac Toe: Warum? 5
Rammstein: Engel 11
Wolfgang Petry: Die längste Single der Welt 12
Sabrina Setlur: Du liebst mich nicht 15

LPs:
Tic Tac Toe: Klappe die 2te 2
Rammstein: Sehnsucht 6
Wolfgang Petry: Alles 7
Tic Tac Toe: Tic Tac Toe 8
Wolfgang Petry: Nie genug 16

1998

Deutsche Hits

Singles:
Ärzte: Ein Schwein namens Männer
Guildo Horn: Guildo hat euch lieb !
Rosenstolz: Herzensschöner
Witt / Heppner: Die Flut

LPs:
Herbert Grönemeyer: Bleibt alles anders
Ärzte: 13
Falco: Out of the dark (into the light)
Pur: Mächtig viel Theater

13 Lesetips für Fortgeschrittene

1. »Das neue Rocklexikon«

von Barry Graves und Siegfried Schmidt-Joos (Rowohlt). Das seit
Jahrzehnten beste Standardwerk zur populären Musik enthält in erster
Linie Beiträge zu internationalen Stars, berücksichtigt aber auch die
wichtigsten Größen der deutschsprachigen Musikszene wie Nina
Hagen, Udo Lindenberg, BAP, Westernhagen oder die TOTEN HOSEN.

2. »Das große Oldie-Lexikon«

von Julia Edenhofer (Bastei) widmet sich den deutschen und internationalen Popstars der Sechziger und frühen Siebziger. Rockstars
wie Udo Lindenberg fehlen in diesem Werk; Sie erfahren das Wichtigste zu Drafi Deutscher, Gitte oder Manuela. Das macht diesen Titel zu
einer guten Ergänzung des Rocklexikons von Graves und Schmidt-
Joos.

3. »Hit Bilanz – Deutsche Chart-Singles«

(Taurus) listet – nach Interpreten geordnet – sämtliche Verkaufshit-
paraden seit 1956 auf und ist damit das definitive Nachschlagewerk
für Tüftler. Wo mir die Original-Bestsellerlisten nicht vorlagen, habe ich
auf diese Veröffentlichung zurückgegriffen.

4. Der über 800 Seiten dicke Große Binding Singlekatalog

enthält, ebenfalls nach Interpreten geordnet, mehr oder weniger sämtliche Single-Schallplatten der Fünfziger und Sechziger mitsamt An-
gabe des heutigen Preises. Eine Fundgrube für Sammler! Die aufge-
führten Scheiben können größtenteils von den Herausgebern zum
angegebenen Sammlerpreis bezogen werden (erhältlich bei Angelika
Binding, Kaiserstraße 3, 69115 Heidelberg).

5. »Der deutsche Schlager-Katalog«

der Firma Bear Family Records, einem auf Wiederveröffentlichungen
alter Hits spezialisierten Label. Vertreibt unter anderem Aufnahmen
von Peter Kraus im heimischen Wohnzimmer, Drafi Deutschers
Versuche, französisch zu singen und jede Menge weitere Raritäten
(erhältlich bei Bear Family, Postfach 1154, 27727 Hambergen).

6. Rüdiger Bloemeke: »Roll over Beethoven«

(Hannibal) schildert farbig und spannend, wie in den Sixties Freddy,
Caterina Valente und all die anderen Ikonen des deutschen Schlagers
von Elvis, den Beatles und den Stones immer mehr verdrängt wurden. Toll geschrieben!

7. Winfried Longerich: »Da da da«

(Centaurus) Diesem Standardwerk zum Thema »Neue Deutsche
Welle« habe ich viele wertvolle Hinweise für »Katzeklo und Caprifischer« zu verdanken. Sehr flüssig geschrieben, obwohl es sich um
eine Dissertation (im Fach Musikwissenschaften) handelt.

8. »Schlager, die wir nie vergessen«

herausgegeben von Max und Moritz (Reclam): 50 Interpretationen
klassischer Evergreens von den »Capri-Fischern« über Heintjes
»Mama« bis zu Grönemeyers »Männer«.

9. Rosenstolz

»Lieb mich, wenn du kannst, nimm mich, nimm mich ganz« (dtv) –
Texte und Geschichten über Pop in den Neunzigern. Motto:
»Wir hassen Schlager und machen Schnulzen«.

10. »Küssen verboten – Momentaufnahmen aus der deutschen Rockszene«

(Rütten & Loening) Interessant für alle, die mehr über die Musikszene
im Osten von den PUHDYS über PANKOW bis SILLY wissen wollen.

11. »TRÖDLER«

monatlich erscheinendes Magazin für Sammler. Mit Beiträgen über so ziemlich alles, was Menschen zu sammeln in der Lage sein dürften. Veröffentlicht regelmäßig üppig bebilderte, farbige Beiträge zu deutschen Schlagern von anno dunnemal (erhältlich am Kiosk oder bei der Gemi Verlags GmbH, Pfaffenhofener Str. 3, 85293 Reichertshausen).

12. »MEMORY«

vierteljährlich erscheinendes »Magazin für Freunde deutscher Schlager«, von Fans für Fans. Manchmal ein bißchen anrührend und naiv, stets aber ein Quell liebevoll zusammengetragener Informationen über Stars und Hits von einst (Bezugsadresse: Am Stutenanger 5a, 85764 Oberschleißheim).

13. »Itsy Bitsy Teenie Weenie – Die deutschen Hits der Sixties«

(Jonas Verlag) Dieses von mir verfaßte Buch enthält zusätzlich zu dem, was in »Katzeklo und Caprifischer« über die Sechziger geschrieben steht, noch jede Menge mehr über Freddy, Caterina Valente, Manuela, Drafi, Gus Backus, Peter Kraus, Connie Francis und, und, und …

Für Rat und Tat danke ich Rolf Lützerath, Walli Lucius, German Fux, Reiner Lambrecht sowie Heidi und Lothar Glock. Mein Dank gilt auch Helge Schneider und Traudel Winkler, die mir erlaubt haben, die Wortschöpfungen »Katzeklo« und »Caprifischer« für meinen Buchtitel zu verwenden. Und Frauke Jacobs danke ich für die ausgesprochen gute Idee, dieses Buch im Verlag Rütten & Loening zu veröffentlichen.

Peter Wicke

Von Mozart zu Madonna

Kleine Kulturgeschichte
der Popmusik

Ca. 200 Seiten, mit ca. 20 Abbildungen
Gebunden mit Schutzumschlag
ISBN 3-378-01030-4

»Lili Marleen«
und »Love Parade«,
Strauß und »Stones«,
Tango und Techno:
Peter Wicke untersucht
das Phänomen U-Musik
vom 18. Jahrhundert
bis zur Gegenwart.

Höchst unterhaltsam zeigt der Professor für Rock- und Popmusik,
daß Gassenhauer und Megahits mehr sind als eine triviale Rand-
erscheinung der Hochkultur: Wie ihre Instrumentalisierung im
Dritten Reich beweist, kann populäre Musik Energien freisetzen, die
in ihrer politisch-psychologischen Wirkung nicht zu unterschätzen
sind – von Mozart bis Madonna.

Kiepenheuer
VERLAG